名师名校名校长

凝聚名师共识
回应名师关怀
打造名师品牌
培育名师群体

顾明远

童心·童言·童趣

特级教师王爱华的语文读写研究

王爱华 ◎ 著

中国出版集团　现代出版社

图书在版编目（CIP）数据

童心·童言·童趣：特级教师王爱华的语文读写研究 / 王爱华著. — 北京：现代出版社，2022.12

ISBN 978-7-5231-0176-6

Ⅰ.①童… Ⅱ.①王… Ⅲ.①语文教学—教学研究
Ⅳ.①H19

中国版本图书馆CIP数据核字（2022）第257049号

童心·童言·童趣：特级教师王爱华的语文读写研究

作　　者	王爱华
责任编辑	王志标
出版发行	现代出版社
地　　址	北京市安定门外安华里504号
邮政编码	100011
电　　话	010-64267325　64245264
网　　址	www.1980xd.com
印　　制	北京政采印刷服务有限公司
开　　本	710mm×1000mm　1/16
印　　张	10.75
字　　数	172千字
版　　次	2022年12月第1版　2022年12月第1次印刷
书　　号	ISBN 978-7-5231-0176-6
定　　价	58.00元

目录
CONTENTS

上 篇　阅读教学：向思维更深处漫溯

中 篇 写作教学：走向真实情境

下 篇 教学叙事：教学的美好姿态

上 篇

阅读教学：
向思维更深处漫溯

牵着童话的手，让学生爱上阅读

2015年8月，我到淄博市红领巾寨子希望小学支教的第一件事就是对学生的阅读情况进行了调查。调查发现：有近70%的学生不具备良好的读书习惯。五年级的学生读整本书超过3本的同学寥寥无几，主要原因是家长对孩子阅读童书的认识不够，尚未脱离应试教育的意识，认为课外书对孩子的考试没有多少帮助，造成学生在家无书可读的现状。因为平时读书少，学生缺乏观察能力，不能很好地发现学习、生活中的写作题材，即使是简单的记叙文，也由于缺乏积累，写作时语句不通，更谈不上生动。

学生不读书，综合素养怎会提升？从何入手，激发学生阅读的兴趣呢？在阅读图书类型一项的调查中，发现有45%的学生喜欢阅读童话。的确，每个人，在生命的最初，都曾经和童话相遇。那个永远的木偶匹诺曹，那只跳过了生命转折点的丑小鸭，那只属于全世界的会奏乐的蟋蟀和它的老鼠朋友，还有每个儿童心中永不会老去的白雪公主……童话给予我们的审美体验，在时光的更迭中，慢慢沉淀、落定，即便在我们成年以后，也依然氤氲，是芬芳我们生命的一种温暖。

我们开始寻找童话的价值。关于童话，在《儿童文学辞典》中有这样的描述："童话是儿童文学的重要体裁。是一种具有浓厚幻想色彩的虚构故事，多采用夸张、拟人、象征等表现手法去编织奇异的情节。"童话拥有通俗易懂的语言，离奇曲折的情节，通过现实与虚构的联系反映生活，非常吸引读者，是儿童喜闻乐见的文学体裁。童话，向孩子们传递真、善、美。童话是写给孩子们的，它用最简单的方法教给孩子们做人的基本准则，给孩子们传递世界上美好的东西，让孩子们感到温暖，懂得爱与感恩。

童话很美。童话是一个无法触摸却又住在每个人心里的美丽国度。童话中人性和物性的完美结合，使得自己的思考、想象、梦想投射到事物上，儿童阅读时，自己小小的梦想在童话中得到了实现。其实每个人心里都会有对美好事物的幻想或想象，童话就是人内心深处对美好事物憧憬的一种表现，隐约中是人活着的一种信念。

童话很真。童话是人性的本真体现。童话的价值就是让我们的生活充满诗意和浪漫。童话不光是给孩子们的，教给孩子们怎样生活、怎样做人，更应该是给成人的。正如梅子涵教授所说的，"文学和童话是让我们过上云的生活"；"我们每个人的生命都很昂贵，要让昂贵的一生过得好一点"。

童话很温暖。童话把一些普世的东西吹进所读的人的心里。温暖，即使不是童话的第一特征，也是童话最有生命力的表现。卖火柴的小女孩虽然冻死街头，但她的心没有冻死，而是在一团光里回到祖母张开的怀抱中。小王子没能回到他的星球上，但他在飞行员充满爱意的瞩望里，成为地球上升起的温热之星，甚至在听到辘轳井提上来泉水时，能像圣诞铃铛一样发出笑声。

童话让我们一个个平凡普通的日子染上一点亮色，保护孩子们生命的天真，让孩子们的童年再长一点，让他们的人生多些童话的色彩。这是多么美好的事情啊！挽留童话的渴望，便成为我们心中执着而又坚定的信念。

一、童话课程：扬学生梦想之帆

社会上的童话书目很多，可一下找到符合我校学生阅读实际的却很难。于是，我们决定自己开发。2015年10月，在高青县教研室董林主任和教科所郭莉莉所长的指导下，我们首先编写了《"童书点亮童年"童话校本课程实施纲要》，基于课程的缘起以及不同阶段的目标确立之后，我们编写了"'童书点亮童年'童话校本课程系列丛书"，一套共16册。

其中幼儿园园本教材共6本，分别是《小天使品世界》《小精灵话世界》《小可爱嗅世界》等，小班的教材主要是一些耳熟能详的童谣，中班和大班是每册10个童话故事。小学童话校本教材共10册，分别是《小脑袋想世界》《小巴掌触世界》《小脚丫走世界》《大眼睛看世界》《大嘴巴讲世界》等。每册书包括两大部分内容。第一部分是"经典童话"部分，选取了20个适合学生年龄特点的经典童话故事，故事后面是引导学生阅读的活动设计；第二部分是"童书导读"部分，每册向学生推荐5本童书，主要包括"走近作者""内容简介""精彩书摘"三部分，以调动学生阅读童书的兴趣。为了便于教学，我们首先编纂了下册教材，在上册童话校本教材中又增添了我校学生自己"创编童话"这一部分。

2016年2月，新学期开始。每个班的学生手上都拿到了崭新的童话书，他们小心翼翼地捧着，读着，眼睛里充满了奇异的光。

镜头一：四年级教室里，王爱华老师正在一本一本地把童话书亲手放到孩子们的手里，并叮嘱他们一定要保存好。

"王老师，这本童话书以后就归我保管了吗？""王老师，这本书是你和学校的老师编写的吗？你们真厉害！""王老师，我已经读了好几篇童话故事了，真有趣！"……

镜头二：一年级教室里，张丽丽老师把书发给同学们后，便立即和孩子们一起读起了《水妈妈的孩子们》。"大娃回来了，抱着一朵乌云。二娃回来了，围着一条彩虹。三娃回来了，捧着一团浓雾。"稚嫩的声音此起彼伏，响彻校园……

镜头三：五年级（1）班教室，还没等王芳老师把书发完，没领到书的同学就已经冲上讲台。"干什么？干什么？"王老师故意大声嚷道，"想把我吃了吗？""老师，我们不吃你，我们想吃你手上的东西。"一片欢笑声迅疾而起……

为了保证童话校本课程的顺利实施，我们在一至五年级每周开设一节童话阅读课，每周三课外活动、每周四早读时间为童话阅读交流时间。每班的语文老师即为童话阅读课老师，负责引领学生阅读童话，爱上阅读。

童话校本教材从内容的收集、筛选、整理到确定、使用，无不浸透着每一位语文教师的心血。特别是李娟、张胜影、王玉强三位年过五十的老师，他们戴着老花镜，一篇一篇地筛选，一字一字地修订，实在是令人敬佩。根据学生学情选择教材内容，无形中提高了个人的文学素养。正如李娟老师所说："我虽然年龄大了，但是近两年来我觉得自己进步很大，自己也开始读书了。"

二、童话课堂：激学生阅读之趣

（一）提炼童话阅读课课型模式

2016年3月，在高青县教科所和教研室小学科的引领下，赵霞、张丽丽、王爱华、王芳四位老师成立了微团队，针对童话校本课程研究中的问题进行专项研究。首先，我们就"童话阅读课课型"这个微专题进行了研究。执教两轮公开课、多次专题研讨之后，我们提炼出了童话阅读课的五种课型模式。

1. 低年级童话阅读指导课课堂教学模式

（1）激趣引入，揭示课题

教师用歌曲、谜语、图画等引出课题，然后让学生读课题，通过不同的形式激发学生阅读童话的兴趣。

（2）初读课文，整体感知

导入新课后，让学生用自己喜欢的方式读课文，然后说说自己读懂了什么，还有哪些不理解的地方。根据学生提出的问题来组织教学。

（3）不同形式，体验童话

① 个性朗读，独特感受童话。

采用不同的形式去读童话，让学生用稚嫩纯真的童心自由地去感受、体验，在和谐、自主的课堂氛围中，培养学生对身边事物的独特感受。

② 多种角色，合作表演童话。

童话故事中一般会有很多的人物和对话，而这些对话往往是促进故事发生或发展的重要部分，在教学中可充分利用对话进行表演，以增加学生的情感体验。

（4）引导想象，再创续编

根据不同的内容，结合每一课的实际情况引导学生想象，进行创编、续写童话。

2. 高年级童话阅读指导课课堂教学模式

（1）激趣导入，设置悬念

① 以故事的开头导入。

② 以人物的命运导入。

③ 以影视作品的片段导入。

不管用什么导入方式，皆以激发学生阅读兴趣、拉近学生与文本距离为目标，尽快进入学习阅读状态。

（2）初读童话，总体感知

① 浏览童话故事，了解主要人物之间的关系。

② 默读故事，用自己的话概括故事的主要内容。初步评价主人公的行为或者品质，如主人公给你留下什么印象等。

（3）品读童话，指导方法

① 教师根据故事内容，精心设计值得探讨的问题，学生自主学习。

② 班内交流所讨论的问题。教师做到精讲点拨，突出童话特点，适当指导

读写方法。

③有重点地指导学生有感情地朗读片段。

④总结阅读方法。

（4）表演续编，挖掘潜力

①表演童话故事或片段。

②根据故事结局，可指导学生续编故事。续编故事，要体现童话特点，指导学生运用学过的读写方法。

（5）了解作者，拓展阅读

①可略读与故事内容相关或相同作者的不同故事。

②了解作者的生平、生活经历及其他著作。

③推荐阅读其他故事、书目。

3. 绘本阅读指导课课堂教学模式

（1）激趣导入新课，引出绘本故事

良好的开始，是成功的先导。导入新课的方式有很多，教师可以根据不同绘本的内容，灵活掌握。

（2）细细观察封面，整体感知绘本

指导学生观察绘本故事的封面，了解重要的信息，从而整体感知绘本的主要内容。

（3）赏图听故事，能设疑敢想象

①看绘图，猜一猜。

可以让学生在观察图画后进行想象，猜一猜会发生什么，从而激活学生的思维，让学生与绘本产生共鸣。在猜想的过程中把学生导入无限推论的培养中，使学生获得快乐。

②观察图，巧想象。

绘本本身图画多，文字少，非常适合让学生观察图画后进行想象，想象力的培养也是我们童话课程所努力实现的一个目标。目前绘本中的图画部分，都是世界上知名插画家的作品，他们运用各种素材，营造故事情节，让孩子们在阅读过程中，享受文学，也感染到美学。

③细琢磨，大胆想。

绘本故事横跨国界，穿越各种文化背景，透过文字与画面，学生可以进入不同的世界，让创意无限扩大。

④ 品味读，学写话。

教师在引导学生通过多看、多感受，对绘本的结构和意境有了较充足的领悟与体验、获取了丰富的感性认识后，就要给予他们尝试鲜活经验的机会，进行写话创编。

（4）课后拓展，积极创编绘本

自创绘本活动会给学生带来更多的成就感和阅读的愉悦感，他们阅读自制的绘本时，有更丰富的想象力和自主性。

4. 童书导读课课堂教学模式

（1）激趣导入，设置悬念

① 以书评导入。

② 以精彩句段导入。

③ 以电影导入。

教师通过与书关联的内容导入本节课，激发学生阅读书籍的兴趣，或者设置悬念，引发读书兴趣。

（2）猜读学习，步步生疑

① 欣赏封面。

欣赏封面，获得本书的一些信息，也可以由封面猜书的内容。

② 浏览前言。

一般一本名著都有导读或者序言部分。引导学生浏览书的前言，可以帮助学生了解作者的写作背景及这本书的主要内容，可以更好地读懂这部作品。

③ 赏读书评。

童书的书评多是名家对该书的评价和理解，赏读书评可以由名家的评析引发学生的读书兴趣。

④ 猜读目录。

通过目录了解每一章节的内容，可以让学生猜一猜自己感兴趣的章节内容。

（3）品读片段，指导方法

选择一个精彩故事或片段，带领学生学习、交流，以此为例，引导学生从中习得读整本书的方法，如浏览、精读、与人物对话等。

（4）制订计划，自由阅读

① 总结初次接触整本书的阅读步骤，明白方法，激发兴趣。

② 小组合作制订读书计划，按计划进行读书。

③ 探究讨论：读完整本书后还可以做些什么？

④ 自由阅读。

5. 童书交流课（中高段）课堂教学模式

（1）回顾大意，整体感知

用填空或问答的形式来复习、回顾童书的主要内容，以帮助学生概括童书的主要内容，整体感知。

（2）拭目以待，检验阅读

以选择或填空或问答的形式进行抢答游戏，一是检验学生阅读童书的情况，二是激发学生阅读童书的兴趣。

（3）走近人物，加深认识

童书中总有许多令人难忘的角色，引导学生认识、了解童书中的人物，也是非常重要的读书指导。"你最喜欢故事中的哪个人物？为什么？"利用这一问题来引导学生进行交流，在生生互动、师生互动的过程中加深对故事中人物的认识。

（4）精彩段落，欣赏积累

选择的童书都是一些经典之作，引导学生学会欣赏精彩段落，进行语言积累，学习表达方法，也是我们读书的目的之一。"在这本书中肯定有你最欣赏或最喜欢的段落，和小组内的同学交流一下。"利用小组交流、小组汇报、全班交流、点拨引导的方式来欣赏、阅读。

（5）畅谈感受，拓展延伸

每个人读书的感受都是不一样的，这正是"一千个读者就有一千个哈姆雷特"。鼓励学生畅所欲言，谈出自己的阅读感受。

根据童书的特点进行阅读再拓展、写读后感或是续编故事等方面的拓展延伸。

（二）梳理童话教学基本原则

用童话的特点教童话，引领学生爱上童话、爱上阅读，是我们一直思考、探索的目的之一。为此，我们梳理了童话教学的四个基本原则。

1. 简约，童话教学的核心

童话很美，自然的才是美的，所以，童话的阅读策略应该是自然的，是符合学生的身心规律、认知规律的；童话很真，要求阅读策略应该是学生真实的需求，而不是我们强加于他们的；童话很温暖，我们的阅读策略也应该是温暖的、润泽的，而不是生硬的、死板的……因此，我们的童话课活动设计应该简约而不简单，通过"看一看""读一读""讲一讲""画一画""找一找""演一演"等多种形式来激发学生对童话的喜爱。

镜头四：张丽丽老师在执教一年级《小鸭子的问号》这篇童话故事时，就设计了这样几个教学板块：一是读一读，读正确，读流利。读的方式是多样的，如自由读、指导读难读的句子、指名接读、正音后再读、选自己喜欢的一段读一读等。二是想一想，了解故事内容。通过一个问题"小鸭子的问号是什么？"引出第3自然段，指导朗读的同时又理解了故事的内容。三是编一编，拓展延伸。"小鸭子知道了小鸡为什么吃石子的答案之后，嘎嘎地叫着向伙伴们跑去，它会跟它的小伙伴们说些什么呢？""读完这个故事，你还想了解什么问题呢？"这几个板块的设计注重了童话的特点，学生读得轻松而又快乐。

镜头五：王芳老师在执教五年级诗体童话《渔夫和金鱼的故事》时，设计了这样几个教学板块：一是想童话。想童话故事的类型及特点，引出诗体童话。二是读童话。先是浏览读，了解童话故事的主要内容、主要人物、留下了什么印象。再是用跳读的方式读故事，"从文中找出一两处相关的语句证明你的观点"。三是品童话。通过细读故事，把故事中相同事物的不同变化找出来，做标记，然后交流。四是编童话。"假如，老头儿又一次救了金鱼，你能展开想象的翅膀，把故事写下去吗？"

回归简约才能打破过于冗杂的童话教学现状，消除传统教育对童话的忽略，充分感受其浓厚的文化色彩，品味其内涵丰富而又留有无限幻想的精美词句，在亲近文本的过程中最大限度地实现童话对学生思想的影响。童话教学，让我们牢记简约这一核心。

2. 童趣，童话教学的根本

童话的要义，不在"话"（讲故事），而在"童"，即基于儿童，为了儿童，表现童趣。换言之，童话是写给儿童看的，以学龄前和小学阶段的儿童为阅读主体，要符合儿童的阅读兴趣和审美能力，因此大多叙述浅近清纯、生动有趣、富有幻想。童话作品势必要呈现出适合儿童欣赏的文本体式，传达出儿童能够接受和认可的情趣。基于此，教童话势必要教出童话的这种特点来。

童话教学宜整体讲读，忌条分缕析。针对这种文体的特殊性，我们需要关注其故事情节的完整性，不可随意分割故事。童话的故事内容具有"幻想的""趣味的""童真的"特点。每一篇童话故事都站在童心角度，以孩子的视角看世界，一切充满童趣：摘不到花生的小松鼠——《小松鼠找花生》，找不到妈妈的小蝌蚪——《小蝌蚪找妈妈》，妈妈鼓励孩子学本领——《自己去吧》，对小蚂蚁的爱心接力——《夏夜多美》，渴望生长的小稻秧——《小稻秧脱险记》，根本不存在的新装——《皇帝的新装》，等等。这些童话故事本身就充满了童真、童趣，应努力使学生们在整体阅读的过程中得到情趣、喜悦，好奇心得到满足。

在童话教学中，我们还要采取适宜的教学策略，唤起孩子们内心的情趣，让他们感觉读童话是充满乐趣的、好玩的。

镜头六：王爱华老师在教学《聪明的小猪》时，设计了这样一个教学环节，学生兴致特别高："如果让你给文中的这只小猪起个名字，你会给它起什么名字呢？为什么？"这个问题一出，效果果然不同，学生的小手举得高高的。

"聪聪，因为这只小猪很聪明。"

"智智，很有智慧的一头小猪。"

"慧慧，也是取其智慧的意思。"

"再动脑筋，看看谁起的名字有创意？"

"小猪明明，拟人化，让故事更有人情味。"听了梓轩起的名字，大家忍俊不禁。

"还不如叫猪小明呢。"嘉乐补充道。孩子们的思路渐渐打开。

"我觉得叫'猪小聪'好，顺耳，又能说明这头小猪的特点。"子涵分析起来头头是道。

"猪小智，也不错啊。"

"猪大聪，如何？非得带个'小'字吗？"

"提议很不错哦。"

学生的思维渐渐走向深处，看得出，他们都在绞尽脑汁。

放学铃声响起，学生似乎还意犹未尽……

自然的阅读，简约的教学活动，是引领学生喜欢上阅读的方式之一。

再如绘声绘色地朗读、分角色朗读、演童话剧都能极大地激发起学生的童趣。

镜头七：张丽丽老师在执教绘本《月亮，生日快乐》时，在指导朗读"哇！戴起来刚刚好耶！"这一句时，老师让学生加上动作来读，学生读得趣味盎然。接下来的分角色朗读，学生也是活泼地表演着、诵读着。后来，张老师又把这个童话故事改编成了童话剧，学生配着音乐、戴上头饰，演得投入，其乐融融。

再如《白雪公主》《木偶奇遇记》《小兔子乖乖》《灰姑娘》等童话故事

都被老师改编成童话剧，大大激发了学生阅读童话故事的兴趣。

3. 想象，童话教学的生命

想象是童话的灵魂和生命。小学生的思维是不同于成人的，儿童的思维对什么都充满好奇，童话中夸张的剧情以及丰富的人物形象正好满足了学生对童话世界的向往，小学时期是学生想象力和创造力形成的关键时期，因此在进行童话教学的时候就必须将"想象"这一特点淋漓尽致地发挥出来，以保护学生的想象力和创造性思维。

优秀的童话想象大胆新奇，同时有很多想象的留白处，给读者进一步想象的空间。教师要有意识地发现这些留白处，利用它们来挖掘学生的想象能力。

镜头八：王芳老师在执教《七颗钻石》这篇童话故事时，和学生朗读童话故事后，引领学生认识水罐的四次变化描写，第一次写得比较详细，而另外三次写得比较简略。于是，王老师就充分利用后面三次的变化来激发学生想象的空间，引导学生像写第一次变化那样，想象描写后三次变化中水罐的样子、小姑娘的心理活动等。

再者，在童话教学中，老师设计的问题也要以发展学生的想象力为主。

镜头九：在执教《月亮，生日快乐》时，老师利用了让学生猜一猜的教学策略，充分发挥学生的想象力，激发学生的阅读期待。"如果你是那只小熊，你会到什么地方和月亮说话呢？猜猜看。""小熊历尽千辛万苦来到山上，究竟会对月亮说什么呢？猜猜看。""猜猜，接下来会有什么故事呢？""你们猜一猜小熊以后每个月这个时候还会为月亮过生日吗？为什么？"

4. 审美，童话教学的回归

作为儿童文学作品，童话故事本身极富美感，具有强大的审美功能，如多彩斑斓的风格与形式、生动形象的语言、个性化的叙事方式、富有想象与幻想的故事情节、富有哲理的思想情感等，这些都是极具趣味与生动性的审美功能，可营造出美丽、生动的童话王国，呈现极富真、善、美的童话世界，可滋润学生心灵，熏陶学生情感，陶冶学生情操，让学生健康快乐地成长。

在文本内容方面，童话故事富有主题之美、情感之美、意境之美。故事内容所渲染的真、善、美，对学生来说是最直接的审美体验。例如，《小白兔和小灰兔》让学生读后懂得"只有自己种，才有吃不完的菜"，引导孩子们热爱劳动；《幸福是什么》让学生懂得幸福要靠劳动，要靠很好地尽自己的义务，做出对人们有益的事情；《去年的树》让学生明白友情的可贵；等等。在作品形式方面，童话有着具体而形象、明快而简洁、生动而有趣的语言，可让学生在朗读过程中准确把握鲜明形象，增强感性认知。如《小木偶的故事》中只会笑的小木偶在生活中遇到了许多挫折，其语言有趣而幽默。在写作手法方面，童话往往运用了拟人、幻想、夸张等表现形式，塑造出生动的形象，编织出奇异生动的故事情节，极具荒诞之美、奇妙之美，可激发学生的语文阅读兴趣，提高学生的审美情趣与鉴赏能力。如《巨人的花园》一课，这是一篇超人体童话，大胆的夸张、幻想、拟人、对比等手法的运用，让学生在阅读中懂得与别人共同分享，才能得到快乐的道理。在文本意境方面，经典的童话作品描绘了美好而新奇的意象，展现出富有儿童情趣的意象世界，可滋润儿童心灵，放飞儿童想象，使其体会意境之美。

我们根据童话文体审美特点及儿童审美心理，发掘出童话所蕴含的审美因素，优选教学方法与手段，营造富有审美情感的学习氛围，使学生融入文本意境，实现师生、生本的对话交流，强化学生的情感体验，培养学生的审美意识与情趣，使其学会发现美与创造美，形成完美人格与健康心理。

童话作为文学大家庭中的一员，其直接功能就是审美，重在培养儿童对童话的兴趣，形成阅读童话的能力，而不是灌输知识。用童话的特点教童话，充分发挥学生的想象力，还学生一个干干净净的童话世界。

三、童话活动：展学生风采之翼

小学生喜欢活动。以活动为载体，为学生搭建展示的平台，是我校童话教学的又一策略。学生在读童话、讲童话、画童话、编童话、演童话中提升了综合素养。

（一）读童话

为了唤醒家长，我们利用家长会向家长讲读书的重要性；为了让学生坚持每天读书，我们设计每日读书记录卡，让家长监督、组长监督；为了让学生读书兴趣持久，语文老师每天抽出时间组织同学们进行读书交流，每月评一次"童话之星"；为了让学生读书像呼吸一样自然，我们每个假期都要举行"童书点亮童年"读书活动，向同学们推荐书目，回校后评选"假期阅读之星"……

镜头十：周四早读是阅读童话时间，五（1）班的教室里没有老师，因为语文老师去参加县里的教研活动了。学生并没有因为老师没来而吵闹，他们每人一本童话书安安静静地进行阅读，且都是那么专注。班内的若暄同学说："我们班同学现在都喜欢读书，课间也喜欢交流故事里的人或事呢。"

镜头十一："下面请获得'假期阅读之星'的同学上台领奖，全体同学要向这些同学学习，坚持读书，让读书成为我们生活中必不可少的一部分。"上台领奖的同学个个喜不自胜，下面的同学露出羡慕之情。每个学期开学后第二周周一的升旗仪式上，学校都会对"假期阅读之星"进行表彰，以鼓励学生爱上阅读，爱上童书。

自从引领学生阅读童话后，学生读书的兴趣明显提高。"老师，下节课能读课外书吗？""老师，我还想读……"这样的话经常出现在耳边。除了校本教材上推荐的5本童话书之外，老师发现学生手中书的类型越来越丰富了。最令人欣喜的是现在部分学生养成了一个习惯：语文课上只要完成老师布置的任务，就能自觉地读点"闲书"；走进教室，能看到部分学生在聚精会神地读书；当一天中语文课比较多的时候，部分学生想要一节专门的阅读课来读书……还有什么比看到学生喜欢读书更令人欣喜的事情呢？

（二）讲童话

我们每学期都在班内开展"童话故事会"，先在小组内每人都讲一讲，然后每个小组选出一个代表参加全班的故事会，最后选出2名同学参加全校的"童话大王"比赛。

还记得刚开始让学生到前面讲故事，一个个拘谨，面无表情……我们认识到要给学生一个锻炼的平台，要通过活动的开展让学生变得自信、大方。于是，我们的各项活动要求每个同学都参与，先在班内讲，选出优秀的在全校讲。平台有了，再加上老师的悉心指导，极大地增强了学生的自信心。

"王老师，真得谢谢你们呀，你看以前淑范在外人面前从来不说话，甚至往大人身后躲，现在好了，在生人面前能大方、自信地表达了。我看到孩子的变化，真是打心眼儿里要感谢你们呀！"开完家长会，淑范的妈妈拉着王老师的手直在那儿说着感谢的话。

2016年9月28日，高青县第三届课程建设现场会在我校召开，二年级的学生在王玉强老师的指导下，向参会的领导、老师展示了"讲童话"。一个个小同学声情并茂地讲着自己喜爱的童话故事，让领导、老师似乎听到了一个个小生命拔节的声音。

2017年4月21日下午，全校召开家长会，第一项就是语文素养展示，每个班级的每一名学生都向在座的家长进行了展示，他们或诵读，或讲故事，或演童话……精彩的展示博得了家长的阵阵掌声。"没想到淑佳朗诵得这么好，当妈的真感到自豪！""超然读书的语感比以前好多了，真的谢谢你，王老师！""这些孩子演的童话剧像模像样的，真不错！"……听着家长的赞扬，幸福之感溢满心头。

（三）画童话

读完了童话故事，有许多孩子喜欢拿起笔画一画故事中的主人公，并与班内的同学一起欣赏。如读了《聪明的小猪》之后，老师设计这样的活动：这头小猪可爱吧，你能给这头小猪画幅像吗？拿起画笔，试一试吧。在《芭比的烦恼》中设计这样的活动：女孩子们，你们是不是也特别喜欢芭比？拿起你们的画笔画一画你们心中的芭比吧。男孩子们，你们可以给女孩子们当评委哟。

鉴于学生喜欢绘画的特点，我们每学期还组织一次"画童话"比赛。学生可以选择自己喜欢的童话人物形象，可以画一幅反映童话故事主题的绘画作品或海报，通过绘画的形式让学生喜爱童话，热爱童话。刘敏敏老师作为美术老师，自然就担负起了指导工作。经刘老师一指导，学生笔下的童话中的人物形象惟妙惟肖。

"快看，这是谁画的？这白雪公主简直绝了，乌黑如瀑的头发垂在肩上，这美丽忧伤的大眼睛……"

"你咋变得这么酸呀，这是我们的'画神'子硕画的，你没看到我的豌豆公主呢，也棒极了。"

"我们班的梓轩画得也很棒，他的作品还被刘老师拿着到各个班里去展示了呢。"

……

学生在绘画展示板前欣赏着、交流着，流连忘返……

（四）编童话

例如，读完《牢笼与自由》之后，老师引导学生进行续编故事：当黄莺再一次落到画眉旁边的树上时，它们之间又会说些什么呢？想一想，把这个故事续编一下吧。读完《渔夫和金鱼的故事》引导学生编一编：假如，老头儿又一次救了金鱼，你能展开想象的翅膀，把故事写下去吗？读完《小猴子栽树》之后，老师引导学生编一编：又一年的春天到了，小猴子会怎样做呢？快与同学们一起编个故事吧。……

每学期我们都会举行一次创编童话故事比赛，学生的想象力、创造力得到了释放。我们将优秀的作品装订成册，并选出特别优秀的作品放在校本教材里。

一年级的小朋友创编的童话故事可不能小觑，他们还能把自己创编的童话故事画出来呢。

小兔正在路上散步，小松鼠急急忙忙地向他走来。"小兔，小兔，要下雨了。"小兔听了，问："你怎么知道的呀？"小松鼠回答："是燕子告诉我的。"小兔听了，说："小松鼠，那我们一起回家吧。"小松鼠听了，说："好呀。"小松鼠和小兔一起回家了。

——一年级妙可

看，他们读了绘本故事之后续编的童话也不错：

那天晚上，小熊划船渡过小河，走过树林去和月亮说话。

小熊说："月亮，你好。"

月亮回答："小熊，你好。"

小熊说："对不起，我把你给我的生日礼物弄丢了。"

月亮说："对不起，我把你给我的生日礼物弄丢了。"

小熊说："没关系，我还是很喜欢你。"

月亮说："没关系，我还是很喜欢你。"

五年级的学生已经开始涉足长篇童话的创作了。五（1）班子硕创编的《蚂蚁豆豆历险记》共7000多字，包括《一只蚂蚁的诞生》《准备出发》《到达X星球》《带回王宫》《豆豆想家了》《狐狸王子谋杀国王》《准备战斗》《帮助居民》《选国王》《皎洁的月光》等故事。五（2）班鑫蕊同学创编的《小兔子蒂芬》真是妙趣横生，由《安装空调纷争案》《兔妈妈"疯"了》《用牛奶写字》《蒂芬中毒了》《辅导班之旅》《一个故事》《辅导班结束了》《蒂芬疯狂了》《开学前的想象》《蒂芬长大了》这些故事组成，读完后，读者被这只活泼可爱的小兔子深深地吸引。我们的学霸超然同学写的《单头战狼在狂吠》则具有动物小说家沈石溪的风范，单听一个个分故事的名字，就会被吸引住：《违抗军令》《加入战狼》《欢迎仪式》《宿舍中》《冷锋的暗器》《功不可没的暗器》《战狼遭打劫》《逃出魔掌》《绝地反击》《波生极乐天》。

创编童话，让学生的作文水平进步飞快，五（2）班梓轩这样说："读书多了，觉得自己肚子里有东西可写了。再者，创编童话让我们有了创作的欲望。""我喜欢读童话，喜欢创编童话，我觉得写作文是件快乐的事情。"三年级的陈宋迎鑫这样说。

（五）演童话

低年级的许多童话故事短小有趣，适合学生表演。如《蘑菇该奖给谁》，以小组为单位，一人当兔妈妈，一人当小白兔，一人当小黑兔来演一演。学生表现得非常棒，他们绘声绘色地朗读，加上简单的肢体动作，大大激发了读童话的兴趣。

高年级的学生有了创意，他们还能把故事进行再创造后表演。如读完《三只小猪》之后，以小组为单位进行表演时，每个小组都能给同学们带来惊喜。那夸张的动作、惟妙惟肖的对话，都饱含着学生对童话的热爱。他们在老师的指导下，学着把童话故事改写成童话剧，再进行表演。如王爱华老师在和学生一起读童话诗《渔夫和金鱼的故事》后，指导学生复习剧本的特点，然后尝试把童话诗改编成童话剧，同学们改写得有模有样。自己编的再自己去演，兴致格外高。张胜影老师在学完课文丰子恺先生的《手指》后，指导学生续编童话《五指争锋》，一根根手指在学生的笔下顿时活了起来，灵动了起来……

2016年的六一儿童节，我们举行了第一届童话节汇报展演。学生自导自演了《白雪公主》《小木偶奇遇记》《绿野仙踪》《老虎拔牙》《五指争锋》等童话剧，虽然有些稚嫩，但学生在活动中享受到了创作、表演的乐趣。

培根说过："读书在于造就完全的人格。"也就是说，读书的根本目的在于教育少年儿童怎样做人，怎样做一个真正的人。应该说，童话的终极意义就在于此。我们将精心打造童话般的校园文化，使校园洋溢着童话书香，成为梦想起飞的地方。让童话无声地塑造学生完美的人格，呼唤沉睡于儿童内心深处的真、善、美。

我们憧憬：在童话般的校园里，在童话般的教室里，老师、学生手捧童书，沉醉其中……

在美丽的童话故事中徜徉

每个孩子似乎都是伴随着童话故事长大的，童话以其独特的特点吸引着每一个孩子，它语言通俗生动，故事情节往往离奇曲折，引人入胜。

在人教版四年级上册教材中，第三单元的课文全是童话，分别是《巨人的花园》《幸福是什么》《去年的树》《小木偶的故事》，作为中高年级的教材安排一个单元的童话，目的何在呢？我认为，其一是吸引学生阅读，让孩子们爱上童话阅读；其二是进一步体会童话的特点，感受童话的魅力；其三是发挥想象，创编童话。自此，我便和孩子们开始在童话中一起徜徉。

一、精读文本，体会童话故事的特点

在和学生一起学习课文中的四篇童话故事时，我注意引导学生发现童话就是通过幻想、夸张、拟人的手法凑成的一个个可爱的故事。

在《巨人的花园》这篇课文的教学中，通过对比教学让学生感受到故事情节的奇特，进而了解作者正是运用了幻想、夸张的手法写出故事的离奇，同时懂得快乐是要大家一起分享的。在《幸福是什么》课文的教学中，除了感受智慧的女儿的神奇之外，引导学生感悟故事告诉我们的道理："幸福要靠劳动，要靠很好地尽自己的义务，做出对人们有益的事情。"学习《去年的树》和《小木偶的故事》，除了引导学生关注主人公能说、能笑、能哭、能闹的特点外，我还提醒学生关注其中人物对话的方式，为后面的编写童话故事打下基础。然后在学习"语文园地三"之"我的发现"时，和学生一起总结童话故事的特点：①童话中的主人公大多是神仙精灵、山魔水怪、鸟兽虫鱼，能说人话，有超常的魔力；②童话想象丰富，故事有趣，令人回味；③童话里，有有益的启示。

二、大量阅读，感受童话故事的魅力

开学后第三周，我就和孩子们约定了我们的"童话阅读月"活动。也就是我们接下来一个月阅读的主题就是"中外童话"。要求：每天阅读至少10页，家长可以和孩子一起阅读交流；边读边记录下自己读过的故事的名字，读完一个月后，看谁读得最多，评选出20名读书之星；为了保证阅读时间，每周除了周四早读时间进行阅读以外，周五下午第二节课也作为"童话阅读课"的时间。

"老师，今晚读书还是童话故事吗？""非常正确。""欧耶，太好了。"从他们的言语中，可以感受到孩子们对于童话故事的喜爱。

三、讲演童话，激发阅读童话的兴趣

只读童话故事似乎缺少点什么，那就"讲童话""演童话"。为了保持学生阅读童话故事的兴趣，我每周都会抽出一节课的时间举行"讲童话"比赛，比赛形式为小组比赛，每次比赛选出5名一等奖，5名二等奖。

"演童话"学生也很有兴致，不能低估学生的创造力。在学完《去年的树》这篇课文后，分角色朗读完课文以后，我曾试着让学生来演一演，没想到效果特别好，孩子们的创造力让他们对于故事的理解也更深一层。我也曾想让他们演一演课外阅读的故事，只是总觉得时间紧张，没来得及安排。在以后的日子里，给学生布置下去，定会带来更多惊喜。

四、创编童话，发挥学生潜在的想象

开始创编童话了，看孩子们一个个信心满满，定会精彩无限吧。

翻开孩子们的作文本，有续编《小木偶的故事》的，有改写故事的，当然更多的是自己创编的，许多同学的作文让我眼前一亮：甜硕的《蝴蝶和蜜蜂》、馥艳的《小松鼠的花生》、敏琦的《甜甜的石榴》、创一的《火鸡逃生记》、睿涵的《小猪道歉》、鑫然的《雪精灵》、一晨的《小猴摘枣》、泽宇的《狼和大象》、喜堰的《请假的猫》等。

童话故事中总是正义战胜邪恶的，童话故事中总是弘扬真、善、美的，总之，童话故事是美丽的，我相信，一切美的东西都是我们每个人所喜爱的。

的确，美是能催生孩子们的创造力的。

为续编童话巧搭桥

——《手指》课堂教学实录与评析

一、课前积累

师：同学们，看大屏幕上的成语，能不能正确地读出来？

大屏幕出示成语，生自由读：

趾高气扬　神气十足　不屑一顾

目中无人　盛气凌人　嗤之以鼻

恼羞成怒　暴跳如雷　勃然大怒

火冒三丈　怒发冲冠　怒火中烧

师：谁来读一读？（指名读，正音）看看前两行成语是描写什么的？

生：是描写人物的神态的成语。

师：具体一点，是描写人物什么神态的呢？

生：前两行描写人物高傲、瞧不起别人时的神态。

师：对，那后两行呢？

生：是描写人生气、愤怒的成语。

师：是的，成语也是有温度的，你能通过朗读把这些成语的意思传递给大家吗？先试一试。

指名读。

师：给同学们一分钟的时间，看谁记住的多。

评析：语文学习重在积累。积累这些描写人物高傲、生气的成语，也是为了让学生在后面的续编童话中加以运用。

二、创设童话情境，激发读文兴趣

师：同学们，在近一年的时间里我们读了大量的童话故事，创编了许多的童话故事，有的同学还开始了长篇童话故事的创编，那么你觉得童话故事有哪些特点呢？

生：童话故事是虚幻的故事。

生：童话故事通过夸张、拟人的手段来表现人物形象。

生：故事情节曲折。

师：同学们总结得不错。让我们一起来总结回顾一下童话故事的特点。

大屏幕出示：

1. 具有浓厚幻想色彩的虚构故事。

2. 通过丰富的想象、幻想、夸张、象征的手段来塑造形象，反映生活。

3. 语言通俗生动，故事情节往往离奇曲折，引人入胜。

师：昨天，王老师读了一则有趣的童话故事，故事的开头是这样写的，谁来读一读？（出示童话故事的开头）

生：夜深人静，我被一阵争吵声惊醒，朝四周望望，没见人影，便倒头又睡。不多时，又被惊醒。我竖起耳朵，再仔细听，这争吵声竟是从我的手上传来的。

"你们在争吵些什么呀？"我睡眼蒙眬地问我的五根手指。

师：请同学们猜想一下：这五根手指会争吵些什么呢？

生：它们会抢着说自己的功劳大。

生：它们会争着说自己的用处大。

生：它们会嘲笑别的手指的短处，而抢着说自己的长处。

师：是啊，同学们都猜想得不错。它们都在向主人争功呢。老师想请同学们帮忙把这个童话故事编完。不着急下笔，著名作家、画家丰子恺先生写了一篇散文《手指》，等我们读完它，你会对五根手指的特点了如指掌，到时候就会下笔如有神了。

评析：回顾童话故事的特点，使学生对于童话这一文体的特点有了总体的认识。老师话锋一转，引出了今天让学生续编童话故事的开头，通过学生大胆猜想，激发了学生续编童话故事的兴趣。

三、学生合作探究，了解五指特点

师：课前同学们已经预习了课文，那么作者写出了五根手指的什么特点呢？请同学们在小组内交流一下预学单。（大屏幕出示预学单，小组内交流）

手指	优点	缺点	启示
大拇指			
食指			
中指			
无名指和小指			

师：咱们一起来交流一下。大拇指的特点，谁来与大家交流？

生：大拇指的优点是最肯吃苦。缺点是形状不算美。

生：我再来补充一下：大拇指的优点是最肯吃苦，拉胡琴时，扶住琴身；水要喷出来，死力抵住；血要流出来，拼命按住；重东西翻倒，用劲顶住。

生：它的缺点是身体矮而胖，头大而肥，构造简单，人家有两个关节，它只有一个。

师：同学们说得不错，大拇指的优点是最肯吃苦，缺点是不算美，身体矮而胖，头大而肥，构造简单，只有一个关节。那食指呢？

生：食指的优点是工作机敏，缺点是姿态不窈窕。

生：我给他补充一下：食指的优点是工作虽不如大拇指吃力，却比大拇指复杂。缺点是不够窈窕，都是直直落落的强硬的线条。

师：对，你们两个的结合一下就完整了。中指呢？

生：中指的优点是身体最高，曲线优美。缺点是并不出力。

生：中指的优点是地位最优、相貌堂皇、身体最高、曲线优美，缺点是养尊处优，每逢做事，名义上参加，实际并不出力。

师：那无名指和小指呢？

生：无名指和小指的优点是体态秀丽，样子可爱。缺点是能力薄弱。

生：在丝竹管弦、舞蹈上有用武之地。

师：通过同学们的交流，我们对五根手指的优缺点了然于心了。

评析：通过小组交流、全班交流，同学们对五根手指的特点在总体上有了比较清晰的了解，通过这一环节的学习，对于文本内容也有了感知、感悟。

师：刚才同学们比较概括地了解了五指的特点，那王老师想提高一点点难度：请你用第一人称向大家介绍一下你感兴趣的手指，好吗？先自己准备一下。

生：我是中指，在五指中我地位最优、相貌最堂皇、身体最高，无名指、食指贴身在我左右，我是不是特像关公，有关平、周仓一文一武保护着我，片刻不离。我的曲线最美了，当然为了保持我优美的身段，一般干活时我就表示表示，从来不出力。

生：我是大拇指。在五指中，我好像最不好看了，身体矮而胖，头大而肥，构造简单，人家都有两个关节，我只有一个。但是我肯吃苦，我不怕干活。水要喷出来，是我死力抵住；血要流出来，是我使劲按住；重东西翻倒去，是我用劲顶住。可是，讨巧的事却从来轮不上我。

生：我是食指，我常与大拇指合作。我的姿态不如其他三指窈窕，都是直直落落的线条。我的工作虽不如大拇指吃力，却比大拇指复杂。拿笔的时候，全靠我推动笔杆；遇到危险的事，都要我去试探；秽物，我接触得最多。我还具有大拇指所没有的机敏，打电话、扳枪机必须请我，打算盘、拧螺丝，虽有大拇指相助，但终是以我为主。

生：我是无名指，我的体态秀丽，样子可爱，我好像能力不大，研脂粉、蘸药末、戴戒指是我的工作。

生：我是小指，我和无名指在丝竹管弦、舞蹈上大有用处，舞蹈演员的手指作兰花状时，我和无名指是最优美的两瓣呢。

师：同学们真棒！用第一人称向大家介绍了五指的特点，作者想通过这平平常常的五指给予我们什么启示呢？

生：团结就是力量！团结力量大！

生：各有所长，各有所短，只有团结一致，才能成为一个拳头。

师：让我们一起来读一读课文最后一段话。

大屏幕出示：

手指的全体，同人群的全体一样，五根手指如果能团结一致，成为一个拳头，那就根根有用，根根有力量，不再有什么强弱、美丑之分了。

评析：用第一人称的方式来介绍手指的特点，加深了对文本的研读，同时为下面续编童话做好了铺垫。

四、学习文章表达，体会排比作用

师：作者是怎样把五根手指的特点介绍清楚的呢？以大拇指为例，请同学们默读课文第2自然段，看作者运用了什么表达方法？

生：运用了排比。

师：请你把句子读一读，好吗？

生读句子，大屏幕出示：

例如拉胡琴，总由其他四指按弦，却叫他相帮扶住琴身；水要喷出来，叫他死力抵住；血要流出来，叫他拼命按住；重东西翻倒去，叫他用劲顶住。

师：作者通过这一个排比句式，向我们介绍清楚了大拇指的什么特点呢？

生：作者向我们介绍了大拇指最肯吃苦的特点。

生：作者通过这一个排比句式写出了大拇指的肯吃苦、默默奉献的特点。

师：是的，在文中还有一处地方也运用了排比这一表达方法，你能快速地找出来吗？

生：在描写食指的特点时，作者也运用了这一方法。请同学们看第3自然段："拿笔的时候，全靠他推动笔杆；遇到危险的事，都要他去试探或冒险；秽物、毒物、烈物，他接触的机会最多；刀伤、烫伤、轧伤、咬伤，他消受的机会最多。"

师：这一个排比句式又写出了食指的什么特点呢？

生：敢于冒险的特点。

生：不怕危险的特点。

生：不怕牺牲的特点。

师：同学们体会得都不错，这一个排比句式就把食指的不怕牺牲、敢于冒险、不怕危险的特点介绍清楚了。那文中作者还运用了什么表达方法呢？请同学们来谈一谈。

生：作者还运用了拟人的表达方法。请同学们看这一句："他永远不受外物冲撞，所以曲线优美，处处显示着养尊处优的幸福。"这里运用了拟人的手法，寥寥几笔便勾勒出了中指优美的姿态和高傲的特点。

生：作者在描写无名指和小指时，还运用了设问的句式，请同学们看第5自然段："舞蹈演员的手指不是常作兰花状吗？这两根手指正是这朵'兰花'中最优美的两瓣。"这里就把无名指和小指的优美写了出来。

评析：体会作家写出了五根手指的什么特点，用了什么表达方法，是本文教学的重点和难点。作者在描写五根手指的特点时，运用了排比、拟人、设问的表达方法，其中体会排比句式的表达作用是重点。

五、续编童话故事，展示交流激励

师：通过学习《手指》这篇文章，同学们再来续编这则童话故事，是不是感觉容易多了？请看续编小锦囊。

大屏幕出示续编小锦囊：

1. 注意提示语的变化。

2. 如果能用上课文中所学的排比和课前积累的成语更好。

3. 童话反映的主旨与课文一致。

师：由于时间关系，我们在课堂上不可能写完五根手指，就让我们选择自己感兴趣的一根或两根手指来写一写，好吗？开始吧。

学生续编童话故事，教师巡视。

师：我们一起来交流一下，请刚才老师在你们练习纸上做了记号的同学上台，请下面的同学认真倾听，看看这些同学的续编中有哪些值得你学习的地方，还有哪些需要改进的地方？

生：大拇指一马当先，神气十足地答道："主人，你来评评理，是不是我的功劳最大？在五个手指中，我是最肯吃苦的了。例如拉胡琴，总由其他四指按弦，却叫我相帮扶住琴身；水要喷出来，叫我死力抵住；血要流出来，叫我拼命按住；重东西翻倒去，叫我用劲顶住。可是讨巧的事，却总是轮不上我，哎……"

师：谁来评价一下这位同学写的？

生：我觉得他运用了排比句式把大拇指的特点写清楚了，同时运用了课前积累的词语，这是值得我学习的。

师：写得好，评得也好，你们继续读。

生："哼，你们都算什么？我才是五指中的老大！"中指趾高气扬地说，完全不把别的手指放在眼里，"你们看，我个子最高，相貌最堂皇，曲线最优美，哈哈，别和我争了……"

师：这位同学写的有哪些值得你学习的地方呢？

生：他的提示语我觉得写得挺好，位置放在了说话人的中间，并且是把中指的神态作为了提示语，这是值得我学习的。

生：还有一点，他进行了大胆想象，运用了自己的语言，不全是书上的句子，我觉得特别棒。

师：你们真是善于倾听、善于学习的孩子。的确，像这种对话比较多的文章，我们就需要注意提示语的写法。来，继续读。

生："我体态秀丽，人见人爱，花见花开，主人，你说，我是不是最好看的？你看，大拇指争着说自己最肯吃苦，你也不看看你自己长得什么样？像个武大郎似的。中指，你别瞧不起别人，你虽然最高，可是你好像在我们五根手指中，最不出力呀。食指嘛，虽然机敏，但直直落落的，一点儿也不窈窕。倒是我，丝竹管弦上，我的能力不亚于你们；舞蹈演员的兰花指中，我可是最美的呢。"小指越想越生气，他们竟然小看我。

师：谁来评价一下这位同学写的？

生：我觉得他不仅写了自己的好，还嘲笑别人的缺点，我觉得在开始时可以这样来写。

师：是的，争吵，肯定会有伤到别人的时候，但是不要忘了我们这篇童话的主旨：团结就是力量，团结力量大！

师：同学们想象力丰富，敢于创新，这是我们写童话所需要的。对了，王老师还想提醒大家一句：在描写手指对话时，为了条理更清晰一些，要注意分段。如果让你给这则童话故事起一个题目，你会怎么起？

生：五指争功。

生：五根手指的对话。

生：五指争锋。

生：五指争霸。

生：团结才是力量。

师：好，不错。课下请同学们把这则童话故事创编完，下节课我们一起来欣赏同学们的大作。下课。

评析：学完课文，再来续编童话故事，真是水到渠成。在续编故事之前，老师出示续编小锦囊，为学生的续编提供了方法。在评议阶段，帮助学生进一步明晰了续编这篇童话故事所要注意的一些技巧。

总评：

这是一节基于"童话校本教材开发与实践的研究"课题实践与研究的课，王老师非常巧妙地将丰子恺先生的《手指》一文与"续编童话"相结合，为学生续编童话巧搭桥梁。

1. 童趣，释放童真

童话的要义，不在"话"，而在"童"，即基于儿童，为了儿童，表现童趣。续编童话，也要基于孩子们的心理，围绕"趣"字进行精心的设计。从导入创设童话情境开始，孩子们就进入了童话的意境，通过猜想，激发他们创作的欲望，引领他们自主读书，交流五根手指的特点，再水到渠成地续编童话故事，无不充满着童趣。

2. 想象，发展言语

想象是童话的灵魂和生命。续编童话故事，也是培养学生想象力和创造力的重要途径。"你们猜想五根手指会争吵什么呢？""他们可能会抢着说自己的功劳大。""他们会争着说自己的用处大。""他们会嘲笑别的手指的短处，而抢着说自己的长处。"……在孩子们的头脑中，一切皆有可能。"请你用第一人称来介绍一下自己感兴趣的手指。""由于时间关系，我们不可能把整篇童话故事续编完，请你们选择自己感兴趣的一根或两根手指来写一写吧。"

孩子们的种种猜想，都是一种构思，在幻想世界中故事在发展，无论是口头还是书面的言语形式，都是语言的表达。想象，推动着孩子们的言语发展。

3. 审美，引领价值

作为儿童文学作品，童话故事本身应极富美感，具有强大的审美功能，故事内容所渲染的真、善、美，对学生来说是最直接的审美体验。所以在学文时，就强调文章所要表达的主旨：团结就是力量，团结力量大。然后在续编童话故事中也要求学生续编的童话故事要与课文表现的主旨一致，这样的设计，不仅注意了童话故事的特点，也正确引领了学生的价值体验。

4. 实践，提升能力

写作是一项技能，只有实践、实践、再实践，才能够学会运用祖国的语言文字。整堂课，王老师前面学文的时间用了20分钟，后面的续编、评议用了15分钟。结果证明，给足孩子实践的时间，孩子就会给你一个从量变到质变的惊喜。虽然只有三四名同学进行了交流，但是孩子们的想象力、积累运用能力可见一斑了。

纵观全课，王老师很好地发挥了课文作为"例子"的作用，较好地体现了国家课程校本化的实施。

（此文2017年发表于《山东教育》，评析：山东省高青县中心路小学寨子校区赵霞）

对比阅读，感悟主旨，体悟特点

——《巨人的花园》教学片段赏析

童话在小学语文教材中，同其他体裁的课文一样，承载着语文教学的任务。所不同的是，童话是在现实生活的基础上，用适合儿童口吻的语言，写给儿童看的一种富于幻想的故事。它的情节适合儿童的想象，有生活的情趣，给儿童创造了一个绚丽多彩的童话世界。

《巨人的花园》是英国作家王尔德写的一篇童话故事，讲的是一个外出旅行已久的巨人，回来之后看到孩子们在自己的花园里玩耍，很生气，就在花园周围筑起了高墙，将孩子们拒于墙外。从此，花园里花不开，鸟不语，一片荒凉，春、夏、秋都不肯光临，只有冬天永远留在这里。一天，孩子们从墙洞爬进来，春天也就跟着孩子们来了，花园立刻变得生机勃勃，当他把孩子们再次赶出花园之后，花园又被冰雪覆盖了。后来在小男孩的启发下，巨人醒悟了，随即拆除了围墙，花园又成了孩子们的乐园，巨人生活在漂亮的花园和孩子们中间，感到无比的幸福。从这篇童话中，我们可以体会到，能和大家一起分享的快乐才是真正的快乐。

《巨人的花园》的显著特点是运用对比的方法展开故事情节、揭示道理。在教学中，我运用了对比阅读的方法，激发学生朗读的兴趣，想象童话故事的画面，从而领悟故事所要告诉学生的道理，体会童话的特点。

片段一：

师：同学们，课文中描写巨人语言的句子有哪些？请你们默读课文，标画出来。

生找句子，标画。

师：谁来和大家进行交流？

生："谁允许你们到这儿来玩的！都滚出去！"

"好容易才盼来春天，你们又来胡闹。滚出去！"

"喂！你赶快滚出去！"

"噢！是这么回事呀！唤来寒冬的，是我那颗任性、冷酷的心啊！要不是你提醒，春天将永远被我赶走了。谢谢你！"

师：我们先来看前三句话，这三句话有什么共同点？

生：都是巨人非常生气时说的话。

生：这三句话中都有感叹号。

师：那怎样读出巨人的生气呢？自己先来练一练。

指名读。

师：同学们想一想为什么巨人如此地生气呢？

生：因为他不想让孩子们进入他的花园。

生：他不想和孩子们分享这花园。

生：他想自己在花园里独享这美好的春光。

师：后来巨人的态度是怎样的呢？

生：他认识到了只有有孩子的地方才有春天。

生：他认识到了春天不来花园是因为他那颗任性、冷酷的心。

师：是啊，作者用对比的方法写出了巨人态度的前后变化，这是本文在表达上的一个非常明显的特点。那么，你觉得课文中还有哪些地方运用了这种对比的方法呢？

生读书、讨论。

生：我觉得课文写巨人没回来之前花园是漂亮的，春天鲜花盛开，夏天绿树成荫，秋天鲜果飘香，冬天白雪一片，而巨人回来之后，花园里天天狂风大作，雪花飞舞，这是巨人回来前后花园景色的对比。

师：的确是，巨人的态度使花园的景色也有了明显的变化。那怎样读出这种变化呢？

指名读。

生：课文中还有一处就是巨人醒悟后花园的景色又是四季分明，美丽无比，这与前面他醒悟之前也是鲜明的对比。

师：非常棒，看来同学们已经走进文本了，下面就请同学们带着自己的理解再来美美地读读课文吧。

评析：这个片段教学主要是让学生体悟对比的写作手法。设计时遵循"指导—实践—展示"的原则，先引导学生找出描写巨人语言的语句，体会前三句与后一句的态度变化。在指导前三句学习时，引导学生找出其共同点，指导学生读出巨人说话时的语气，同时关注到句子中的标点符号。在指出这是对比的写法之后让学生再次走进文本，去寻找文本中其他运用对比的地方，小组内交流之后，全班一起交流，根据学生展示的情况进行评价，跟进指导。

片段二：

师："春天终于来了，村子里又开出美丽的鲜花，不时传来小鸟的欢叫。但不知为什么，巨人的花园里仍然是冬天，天天狂风大作，雪花飞舞。"读了这句话，我感觉童话的故事情节好奇特呀，你看同是在一个村子里，花园外是美丽的春天，而花园里依旧是寒冷的冬天，这也是童话故事的一大特点呀。

（板书：故事奇特）

师：那么你觉得这篇童话故事中还有令你感到奇特的地方吗？

生："这个小男孩在树下一伸手，桃树马上绽出绿芽，开出许多美丽的花朵。"我觉得这里写得很奇特，小男孩一伸手，桃树就能长绿芽，开出好看的花朵。

生："与此同时，鲜花凋谢，树叶飘落，花园又被冰雪覆盖了。"我觉得这里也够奇特的，巨人一发脾气，孩子们一走，立即就有了如此大的变化，很奇特呀。

生：这个故事本身就很奇特，这个冷漠、任性的巨人，这些热爱春天的孩子以及这个变化无常的美丽的花园。

师：是的，这是童话故事非常明显的特点，课下请同学们读其他的童话故事，找找故事中奇特的地方吧。

评析：引导学生体会童话的特点是本课教学的难点，上述教学片段是引导学生感受童话故事奇特这一特点。先是由老师从学生找到的对比中的一句话引出"故事奇特"这一特点，然后让学生去寻找文本中其他感到奇特的地方，这一点对于学生来说并不难。交流完文本中的，再让学生读其他童话故事，找出奇特的地方，进一步感受童话的特点，从而为学生创作童话做好铺垫。

教学生和文本对话

——兼谈《云雀的心愿》教学心得

崔峦老师在全国第七次阅读教学研讨会上曾指出：用好课文这个"例"，少分析，多揣摩，多感受，多体验。一定要带领学生深入文本的语言中，让学生感受语言，熟悉语言，理解语言，借鉴语言。叶圣陶先生曾指出：先要让学生"自己去跟作品打交道"，避免"把学生的思想赶到死路上去"。

我们现在的生本课堂不正体现了崔峦老师的这一思想吗？可是如何真正落实好呢？我认为我们在认真钻研教材的基础上，还要教学生如何与文本对话。下面我就以苏教版四年级下册《云雀的心愿》为例，谈谈我的做法。

一、前置自学要抓牢

学习每一篇课文，学生都会按照我们备课组探讨的预习提纲去预习课文。我们的预习提纲都是最基本的要求，就如课文的朗读，如果在预习时，学生不能达到正确、流利，我们又怎能引导他们和文本进行深度对话呢？教学《云雀的心愿》也不例外。现在学生已经养成了基本的预习习惯，在常规预习的基础上，我又增设了两个内容：一是为什么说森林实在是太重要了，结合文中的语句和收集到的资料来说一说，并简单地写一写；二是收集有关人类破坏森林造成不良后果的事例，你还知道森林有哪些作用？经过这样的前置自学，第一步让学生"自己去跟作品打交道"做得还是不错的。

二、教学起点要找准

任何一堂课都不应该从零开始。现在学生已经是四年级了，所以更要关注学生初始的阅读体验，我们的教学就应以自学后的初步感受作为起点，我们要相信学生的理解能力，少做无用功。也就是要做到郭思乐教授所讲的要充分相信学生。根据学情，我把教学目标定为：

（1）理解文中的生词，会用"可以……也可以……"造句。

（2）了解森林的重要性，培养学生的环保意识。

（3）学习有条理地记叙事情的方法。

其中第二个和第三个目标作为本文教学的重点，教学中直奔主题，引领学生和文本进行深度对话。

三、精读点、训练点预设好

自课堂进行改革以来，我们的语文课堂热热闹闹，在鼓励学生主宰课堂的情况下，我们老师的主导地位也不容忽视，同时语文味又不能丢失。于是，我们老师就要预设好课文的精读点和训练点。只有这样，我们才能上出所谓的语文味。《云雀的心愿》是一篇科学童话故事，适合分角色朗读课文。可是，分角色朗读课文必须在理解好课文的前提下才能读好。要想读好，还得注意说话人的语气，也就是文章的提示语，于是我设计了一处，"'孩子，以前这里也是一片茂密的森林。后来由于人们乱砍滥伐，树木越来越少。土地失去了森林的保护，就慢慢地变成了贫瘠的沙漠。'妈妈心疼地说。"在学生谈到这里时进行朗读指导，从而提醒学生注意把握好人物的语气。还有一处是写小云雀跟着妈妈飞到大河上空看到的景象："他们飞呀飞，飞到一条大河的上空。只见大河的水位很高，浑黄的河水像脱缰的野马，咆哮着向下游冲去。有几处河堤被冲垮了，一些村庄淹没在洪水之中。"在这里重点指导学生读出洪水的可怕。同时我还准备了一段视频资料来帮助学生感悟、体会。

在课文第10自然段，云雀妈妈说的话非常有条理，于是我引导学生体会这一段的写作方法。从课堂的效果来看，还是比较理想的，学生能从中领悟到作者在写这段时采用的是总分总的构段方式，在介绍森林是怎样蓄水时按照从上到下的顺序来写的。同时，有的同学还发现了本段最后一句是反问句，并进行了句式的转换。

四、课堂上老师作用发挥好

生本课堂上，我把老师的作用定义为：鼓励、调控、点拨、评价。所谓鼓励，也就是注意极大地调动学生的积极性，激发学生学习语文的兴趣。调控乃指在学生汇报的时候要帮助学生调控好时间，毕竟一节课就是短短的35分钟，学生毕竟年龄小，老师要及时地调控好课堂进度和时间。点拨就是老师对于学

生汇报不够好的地方及时给予帮助，同时对一些重点内容做好总结，环节之间
要过渡好。评价要及时，对学生的回答做出正确的判断。

现在上课不像以前那样好掌握，对老师的课堂调控能力提出了更高的要求。

五、课堂汇报形式要根据课文类型而定

还记得自己前段时间读过的《长亭送别》课堂实录，那是一节纯正的课
堂汇报课，学生的表现实在精彩。我尚不敢要求我的学生也能有那样精彩的表
现，单说怎样训练学生来汇报，自己心里就没数。只是通过这段时间的探索觉
得每种类型的课文汇报形式也不应该一样。那么这篇课文我采用的还是小组汇
报的形式来进行，总的来说，学生的表现还是可以的，能围绕"为什么说森林
实在是太重要了"这个话题来读课文，谈体会，补充资料，老师除了在精读
点、训练点处点拨之外，没有做过多的分析、讲解。但是课堂总是令人遗憾
的，这堂课没有体现出童话的特点，是我一直觉得自己没有突破的。

在这篇课文的教学中，我认为学生已经和文本进行了深度对话，我和孩子
们利用课文这个"例"，得意、得言、得法，努力实现"例"的增值。当然，
一节课的教学设计、过程、方法，没有最好，只有更好。适合自己学生的，教
师得心应手的，就是更好的。

读·想·赏·创——儿童诗教学四部曲

在儿童文学中，儿童诗情感真挚，想象灵动，整篇布局精妙，语言简练而富有童真。优秀的儿童诗，拨动着孩子的心弦，孕育着阅读的兴趣，陶冶着他们的性情。《义务教育语文课程标准（2011年版）》（以下简称《语文课程标准》）指出：引导学生诵读儿童诗，感受语言的优美，展开想象后的初步的情感体验，并使学生易于动笔，乐于表达真情实感。著名儿童文学家金波在《我为什么给儿童写诗》一文中也曾说道："一个小孩子从小受到诗的熏陶，可以使感情世界丰富多彩，善解人意，与人和谐相处。……一个人如果从小就学会了欣赏诗，就会欣赏其他文学样式，以至其他艺术形式。"儿童诗的教学应从哪些方面着手呢？

一、读，感受儿童诗的韵律美

儿童诗歌是最适合儿童阅读欣赏的诗歌作品。儿童诗本身反映的就是儿童的世界和儿童的生活，它表达的是儿童特有的纯洁、真诚的情感，想象力丰富，音韵优美和谐，能给儿童带来不同于成人诗歌的审美享受。对韵律的敏感是儿童的天性，儿童诗歌明亮的语言、动听的音韵、鲜明的节奏，会给儿童带来独特的愉悦感。因此，儿童诗非常适合孩子们诵读。例如，枣庄市实验小学高旗老师执教《长翅膀的太阳》这首儿童诗时，开始初读环节，读后指名，让学生说说读这首诗歌时需要注意什么，帮助学生寻找诗歌押韵的规律，并指导学生把最后一个词读响亮，读出诗歌的节奏、韵律美。再如，东营市实验学校徐冬梅老师执教的《我想》中，指导学生读特别有节奏感的几句"悠啊，悠——悠出声声春的歌唱""长啊，长——长成一座绿色的篷帐""望啊，望——蓝天是我的课堂"时，引导学生进行对比，"能不能把'篷帐'改成

'帐篷'？"通过比较，让学生感受儿童诗的韵律美。在一遍遍的诵读中，感受到学生对诗歌语言的敏锐。

二、想，体会儿童诗的画面美

儿童诗歌的语言简洁凝练，跳跃性很大，留白也很多，这就给学生留下了很广阔的想象空间。例如，济南市莱芜区吐丝口小学吕芸老师引领孩子们阅读金波先生写的儿童诗《信》时，就把学生的想象力充分地激发了出来，帮助学生体会到了儿童诗所表现的画面美。"假如你是雏鸟，你会写什么？""如果妈妈接到雏鸟的信，妈妈会说什么？"在学生丰富的想象中，雏鸟与妈妈之间相亲相爱的画面跃然脑际。

再如，东营市实验学校徐冬梅老师在《我想》的教学中，范读第1小节时，让学生闭眼想象，让学生说说仿佛看到了什么，然后利用边读边想象的方法读第2、3、4小节，和小组内的成员交流一下自己看到了什么。高旗老师在《长翅膀的太阳》的教学中，让学生自由读第1小节，"说说读出了一幅怎样的画面？它会飞到哪里？干些什么呢？请把想象的画面通过朗读读出来。"

可以说，想象画面之美对于儿童诗教学来说是非常有效的。老师采用多种方法，激活孩子们的形象思维，展开想象的翅膀，在诵读中跟着诗句就能自然地走进诗歌的意境，进一步丰富了诗歌的画面感。

三、赏，品味儿童诗的语言美

儿童诗的教学，"赏"与"读"、与"想"是密不可分的，在诵读中欣赏，在想象中赏析，在赏析中品味儿童诗歌的语言美，帮助学生发现诗歌的语言奥秘，更好地为"创"做好铺垫。

在《我想》这首儿童诗教学中，重点引导学生品味第1小节，通过"安""牵""带""悠啊，悠——"，感悟其语言上的特点；《信》这首诗歌，第2、3、4、5小节结构相同，引领学生在赏析中发现这四小节在构段上的相同之处，品味其表达上的特点；《长翅膀的太阳》在初读之后，"说说你读了之后有什么感受？"找出有关的词语"自由""温暖""光明"，感受语言的凝练美，通过"激溅"一词，让学生感受诗歌语言的精妙美。

四、创，激发儿童诗的情感美

儿童诗会带领孩子们到一个无限辽阔的天地，让他们自由地发挥想象，产生联想。所以，在儿童诗的教学中要大胆尝试，让孩子们进行儿童诗的模仿和创作。在教学完《我想》后，我鼓励孩子们根据诗歌第1～4小节表达上的特点，加上自己的想象再来创编，学生丰富的想象，让诗歌的情感更加饱满，然后引领学生把自己写的诗歌再串起来，诵读、赏析，让学生感受一把当诗人的感觉……再如，《信》这首儿童诗，第2、3、4、5小节结构也相同，在诵读、赏析之后，让学生也来写一写。

这样的仿写，使孩子们找到了写儿童诗的乐趣。同时能更真切地感受到儿童诗所蕴含的情感美，并能把自己美好的想象和憧憬通过美好的语言表达出来。

小学现代诗歌怎么教

——兼谈《春光染绿我们双脚》之备课

　　小学语文教材选编的课文体裁多样，内容丰富。虽然小学阶段课标中明确提出要淡化体裁，但很明显，我们在教学的时候总在思索不同的文体应有不同的教法。对于现代诗歌教学，以前思考得比较少，觉得不会上，问其他老师怎样教，有的老师也是淡淡一笑，说，这种课文最好上，写写生字，读读课文，然后背过就行。然而我总觉得不妥，凭借自己的浅显认识，觉得应该注重朗读，读出诗歌的节奏、韵味。但往往在指导朗读的策略上却又明显不足。

　　新学期，我拿到教材，打开一看，第一课就是一首现代诗歌《春光染绿我们双脚》。在读文的过程中，我写下了自己的两点思考：①现代诗歌教学应该怎样教？②如何指导学生诵读好这首诗歌？带着疑问，我在网上收集了大量的文章进行阅读。其中江苏特级教师张学青老师的《诗歌教学，我们需要做些什么》给我留下了深刻的印象。她在文中强调了诗歌是儿童成长时期最有营养价值的"母乳"，然后分析了当前教材中诗歌编排存在明显的不足：数量少，质量不够高，在选材上偏重于道德教育，偏离学生的生活实际。她还提出，作为一名优秀的小学语文教师应该自觉成为课程的开发者。由此我不禁想到了常丽华老师和薛瑞萍老师，他们不都是利用假期时间自己给孩子们编排诗歌进行朗读吗？

　　诗歌是最精粹的一种文学样式，那么，对于《春光染绿我们双脚》这首诗歌我应该教什么、怎么教呢？

　　从语文学科的工具性来看，字词教学不能丢。当然作为五年级的孩子来说，这已经不算什么了。就这篇课文的生字词来说，学生预习后，可以直接以听写的形式来进行检查。然后根据听写的情况特别强调即可。从语文学科的人文性来讲，得让学生知道这首诗歌主要讲了什么。这个就需要通过给诗歌分段来解决，让学生知道诗歌的主要内容。然后通过课后练习4来进一步了解植树造林带来的巨大变化。在作者的表达方法上知道首尾呼应的写法。

诗歌教学是不需要过多地进行剖析的，引领学生诵读就够了。"你喜欢哪一小节就把它高声地诵读出来吧。"通过练读、比赛读等形式，相信学生的兴趣一定会非常高涨。我想，通过一遍一遍诵读，背诵课文就水到渠成了。

班内爱读书的学生挺多，但是平时读诗歌的孩子还真不多，这也主要在于我没有往这方面引导。那么，我下一步应该怎么做呢？

首先给学生朗诵几首诗歌，让学生充分感受诗歌的趣味与韵律。就选下面几首吧。

打翻了

张晓风

太阳打翻了/金红霞流遍了西天
月亮打翻了/白水银一直淌到我床前
春天打翻了/滚得漫山遍野的花
花儿打翻了/滴得到处都是清香
清香打翻了/散成一队队的风
风儿打翻了/飘入我小小沉沉的梦

快乐的思想

何 达

做每一件事/都给它一个快乐的思想，
就像把一盏盏灯点亮。
砍柴的时候/想着的是火的诞生。
锄草的时候/想着的是丰收在望。
与你同行/想着我们有共同的理想，
跟你分手/想着我们会师时候的狂欢。

跌 倒

牧 也

风，跌倒了/才有了美丽的落叶
云，跌倒了/才有了滋润大地的雨水

太阳，跌倒了/才有了静谧的夜晚

所以，我们不再害怕跌倒

让我们在跌倒的时候/用最美丽的姿势/站起来

接下来给学生推荐冰心、金子美玲等作家的诗歌，也可以自己收集一些诗歌来读，再开个诗歌朗诵会。

在朗读诗歌的日子里，我和学生将一起同行。

（此文2013年1月发表于《山东教育》）

扎实落实语文要素，上出儿童诗的特质

——《童年的水墨画》教学赏析

在县优质课评选中，徐园园老师执教的《童年的水墨画》一课，给我留下了深刻的印象。教学中，徐老师基于儿童立场，充分遵循儿童诗文体教学的特点，教学目标定位精准，运用搭建支架、创设情境、想象画面等教学策略轻松地完成了教学目标，单元语文要素"运用多种方法理解难懂的句子"扎实落地。

一、多维解读，教学目标定位精准

《童年的水墨画》是统编版三年级下册第六单元的第一篇精读课文，也是一组儿童诗。从课题中可以提取出两个关键词"童年"和"水墨画"。"童年"记叙的内容是童年生活，表现孩子们童年生活的快乐。"童年"与"水墨画"有什么样的关系呢？仔细读诗就会发现，语言的呈现形式以及个别用词都有水墨画元素。《溪边》这首儿童诗中所体现的那片绿，大色块的绿，岸上的一切倒映在水中后呈现出的层层叠叠、深深浅浅的颜色变化，恰恰对应了水墨画写意不写实的特点，也呈现出了用笔墨的浓淡来勾勒画面的意境；《江上》诗歌最后的"两排银牙"，久久留在心中不能离去，那么鲜明，就像水墨画表现典型内容一样的表达；《林中》采用互喻的手法，远远望去，那一个个戴着斗笠采蘑菇的小孩子，在雨后林中不就像一个个小蘑菇吗？语言的虚实，笔墨的浓淡，人在画中，画中有人。

有了以上的认识，这堂课学生要学什么呢？除了识字、写字、朗读、背诵课文等基础目标之外，位于单元首篇课文还承载着学习方法的习得和学习能力培养的任务，同时它的文体特点决定了教学内容的选择。

（1）学习理解难懂句子的方法。这是本单元的语文要素，是首要落实的。顺着要素逆向思考，"难懂的句子"有哪些？从三个途径来说：一个是学生自己认为难懂的，另一个是教材课后题中提示的，还有一个是老师结合文体和文本特质需要在此阶段引领学生理解的（也就是陌生化的意象）。

（2）学习想象的方法。想象是诗歌中情感表达的重要载体。想培养学生的想象能力，需要搭建支架。

（3）学习这一组儿童诗的特质。三首诗歌，三个画面。表面看上去都没有写人，却句句有人，通篇都洋溢着快乐的情感基调，每首诗都隐含着一个共同的字眼：笑。通过课堂活动设计，让学生感受童年的欢乐，乐于分享自己童年的趣事。

基于此，确定的教学目标如下。

（1）随文识写"墨、染"等字，正确、流利地朗读课文。通过想象画面、创设情境、搭建支架等方法，背诵《溪边》。

（2）通过聚焦《溪边》，学习运用想象画面、联系上下文、联系生活经验等不同的方法理解难懂的句子，在不同形式的朗读中想象画面。

（3）运用《溪边》的学习方法，自主学习《江上》《林中》，通过对比阅读，感受童年生活的快乐。

二、搭建支架，单元语文要素扎实落地

徐老师在教学中紧扣单元语文要素，聚焦"理解难懂的句子"这一目标，采用了想象画面、联系上下文、联系生活实际等多种方法理解难懂的句子，使学生轻松突破重难点，并在趣味盎然的欣赏、朗读中感受童真、童趣，享受童年的欢乐。

例如，理解"人影给溪水染绿了"这一句时，徐老师通过问题串的方式给学生搭建支架，学习运用联系上文的方法来理解这句话。

生：人影怎么可能把溪水染绿了呢？

师：谁来告诉他？是人影把溪水染绿了还是溪水把人影染绿了？

生：是溪水把人影染绿了，人影被溪水染绿了。

师：平时我们见的人影不都是黑的吗？诗中怎么说是绿的呢？

生：因为山溪是绿的呀！联系上文，山溪像绿玉带一样。

师：一般的溪水不都是清澈的吗？这里为什么是绿的呢？

生：再联系上文，垂柳把溪水染绿了，垂柳是绿的呀！

师：是呀！树染绿了山，山染绿了水，水染绿了人影。就这样，一层一层的，深深浅浅的，就像水墨画一样展现在我们眼前。把这份"绿"读出来。

学生读文。

师：除了人影，还有什么也被溪水染绿了？

生：溪水还染绿了溪边的大树，染绿了岸边的小草。

生：溪水还染绿了溪边的石头。

生：溪水还染绿了水中的小鱼和小虾。

师：深绿、浅绿、翠绿……那么多种绿，深深浅浅地出现在我们面前。读出"绿"的多样！

学生读文。

师：大自然拿着神奇的画笔将溪边"染"成了一个绿色的世界。一起把"染"这个字写好，"染"是上下结构，书写时注意上部平齐，下横拉长，撇捺舒展。

上面的教学片段中，徐老师聚焦学生难懂的句子"人影给溪水染绿了"，通过联系上下文的方法，帮助学生厘清了树绿、山绿、水绿、人影绿的关系，难懂的句子自然也就懂了，单元语文要素也就落地了。结合生活实际，使学生理解"绿"的多样性，在这个过程中，体会"染"字的好处，进行情境朗读。这样教学，就为学生学习联系上下文这一方法提供了操作路径。

再如，理解"草地上蹦跳着鱼儿和笑声"这一句时，徐老师采用的是联系生活实际的方法。

生："忽然扑腾一声人影碎了"，为什么人影碎了呢？

师：忽然（水声的音频）安静的画面被打碎了。怎么了？

生：人影碎了。

师：回到刚才那位同学的问题，人影为什么碎了？

生：联系下文，是鱼儿上钩扰乱了水面的平静，所以人影碎了。

师：生活中有没有钓过鱼？

生：钓过。

生：没钓过。

师：今天在课堂上我们一起来体验钓鱼！钓竿准备好了吗？（做动作）我们坐在溪边的石头上，等啊等，等啊等，等了半天，终于钓竿动了，水面动起来了，鱼上钩了！怎么办？

学生做出甩钓竿的动作。

师：钓上鱼来了，你的心情怎么样？

生：很高兴、很兴奋。

师：你会说些什么，做些什么呢？

生：我会一蹦三尺高，高兴得又唱又跳。

师：请所有女孩读，读出欢快的感觉！

女生读文。

师：鱼儿在蹦跳，孩子也在蹦跳，清脆的笑声在草地上回荡，仿佛笑声也长了腿在草地上蹦跳、翻滚呢！草地上蹦跳的不只有鱼儿，还有这欢乐的笑声呢！请所有男孩再读。

男生读文。

师：读着文字，想着画面，仿佛这就是我们的童年！看！溪边这个绿色的世界在我们眼前展开了。

男女生合作读。

师：来！坐上小火车，把童年的欢乐传递下去吧？一人一句，两行一句，我们开火车读读看。

三人开火车读诗歌。

师：谁想当火车头，完整地背出来？

学生个人背诵。

师：有火车头的拉动，全班同学一起来！

全班齐背。

徐老师抓住诗歌的空白处创设情境进行还原补白，用"联系生活实际"唤醒真实体验。将生活中钓鱼的情境带到课堂中，引导学生进行动作演示、体验心情，此刻学生身临其境了，也就能感同身受，读出欢快的情绪也就水到渠成。

三、想象画面，儿童诗文体特点凸显

儿童诗有着优美的意境、跳跃的节奏、丰富的想象，更有着儿童的视角与情趣，是一种儿童文学的形式。徐老师在教学中充分关注到儿童诗的文体特点，依据儿童诗的文体特点展开教学。

1. 为想象搭建支架

在学习《溪边》时，徐老师设计了这样的学习活动。

师：让我们跟随作者的脚步到溪边去看看，请大家轻声读一读小诗，圈画出诗中的景物。

师：谁来说一说你圈出的景物？

生：诗中有垂柳、山溪、人影、钓竿、红蜻蜓，还有草地和鱼儿。

师：真厉害！你把诗中所有的景物都圈出来了。这些景物里面，最吸引你的是什么？你的眼前浮现出怎样画面？你能用"最吸引我的是……我仿佛看到了……"这样的句式来说一说吗？

生：最吸引我的是垂柳，我仿佛看到了它把清澈的溪水当作梳妆的镜子。

师：垂柳可真爱美！

生：最吸引我的是红蜻蜓，我仿佛看到它立在钓竿上。

师：说不定那红蜻蜓就是被清澈碧绿的溪水吸引来的呢！

生：最吸引我的是人影，人影碎了，鱼上钩了。

生：最吸引我的是鱼儿，你看！它正在草地上蹦跳呢！

师：刚刚我们借助想象，描绘了一幅溪边垂钓图。在《溪边》这首诗中，你还有不懂的地方吗？

（板贴：想象画面）

想象画面是学习儿童诗不可或缺的教学策略。通过"圈画景物""提供支架说一说"这两个学习任务的设计，非常好地激发起了学生的想象力，也凸显了儿童诗这一文体教学的特点。

2. 多层次朗读中想象画面，感悟意境美

徐老师在教学中采用了多种方法指导学生朗读，在多层次朗读中想象画面，感悟诗歌的意境美。例如在《溪边》教学中，徐老师就创设了三个意境进行朗读：聚焦难懂的句子"人影给溪水染绿了"，通过联系上下文引导学生厘清树绿、山绿、水绿、人影绿的关系，通过结合生活实际，理解"绿"的多样性，读出"绿"；聚焦"红蜻蜓"，通过"立"字联结杨万里的诗句，创设情境读出"静"；抓住诗歌的空白处创设情境进行还原补白，将生活中钓鱼的情境带到课堂中，学生进行动作演示、体验心情，读出"乐"。朗读与想象画面互融共生，体会诗歌的节奏美，感悟诗歌的意境美。

整个教学设计，徐老师紧扣"法"，扎实落地语文要素；紧扣"画"，凸显儿童诗文体特点；紧扣"读写实践活动"，浸润儿童的童心，培养儿童的文学情趣。

童心童趣学童诗

——《彩色的梦》教学设计

一、教材分析

《彩色的梦》是高洪波的一首儿童诗，被选入统编版二年级下册第四单元。全诗通过儿童的视角，描绘了富有儿童想象力的彩色的梦境，好玩有趣。诗歌的语言富有儿童情趣，读起来朗朗上口，又韵味十足。

作为低年段的课文，要落实好低年级识字、写字的教学任务。因此在教学中，既要关注儿童诗文体的特点，也要采取偏旁表义、字源解说、联系文意、借助图画或联系生活等方法识记生字。

二、教学目标

1. 通过偏旁表义、字源解说、联系文意、借助图画或联系生活等方法正确识记"盒、聊"等9个生字，会写"彩、梦"等9个生字。

2. 正确、流利地朗读诗歌。通过圈画、边读边想象等方法，感受梦境中美好的事物，并能用自己的话说说彩色铅笔画出的梦。

3. 仿照课文相关自然段，把自己想用彩色铅笔画出的内容写下来，并在表达中体现童年的快乐。

三、教学过程

板块一：导入新课，激活想象

导入新课：课前同学们都用彩笔描绘了自己天马行空的梦境，下面我们分享几名同学的梦。请同学用完整的话介绍自己的梦。其他同学谈感受。

同学们的梦都非常有意思，也是丰富而多彩的，今天我们就来学习一首童诗——《彩色的梦》，齐读课题。

课题也可以有感情地读，什么样的梦？

再读课题。

设计意图：通过学生熟悉的奇异的有趣的梦来建立生活实际与文本内容的联系，激活学生的想象，为学习儿童诗做好情感上的铺垫。

板块二：整体感知，集中识字

1. 指名分节朗读

请同学们边听边思考：是谁创造了彩色的梦呢？（彩色铅笔）是彩色铅笔创造了美妙的梦境。彩色铅笔在哪呢？（铅笔盒里）

2. 归类集中识字

（1）"盒"是本课的一个生字。它的底部是皿字底，我们一起来看甲骨文中的"皿"像敞口无盖的高脚容器 ，因此含有皿字底的字一般与盛东西的器物有关。

（2）像"盒"这样偏旁表意、声旁表音的字叫形声字，在本课中还有哪些字呢？交流：坪、精、叮、咛。

指名读，同桌检查读。

设计意图：这一板块检查学生朗读情况，同时对整首儿童诗有个整体感知。识字是低年级语文教学的重要任务，借助字源解说学习"盒"字，同时集中学习本课的形声字，这样教学，大大提高了识字效率。

板块三：读中想象，随文识字

1. 学习第一小节

（1）彩色铅笔在做什么呢？（"聊天""蹦跳"）是的，第一小节这样写到，谁来读？请学生朗读第一小节。

（2）随文识字。

"聊"，如何记住呢？记偏旁。聊天时，我们首先要听清别人说的话，再表达自己的意见。瞧，"聊"字左边的"耳"就是要我们多用耳朵倾听，右边的"卯"有连接的意思，合起来"聊"的意思是边听边说。

（3）指导朗读。

彩色铅笔像人一样舒服地躺着，开心地聊天，快乐地跳蹦，谁来读出它们的快乐？指名读。

谁能读得轻快一点？也可以配上大家俏皮的表情，读出对它们的喜爱。指名读。

（4）对比"跳蹦"与"蹦跳"。

"跳蹦"翻了个跟头就成了——"蹦跳"。你有什么发现？（这两个词语都是写动作的，意思一样）作者为什么用"跳蹦"呢？请同学们观察红色字的音节，你发现了什么？句子末尾的字韵母相同或相似，这是押韵，也是诗的特点，这样读来，儿童诗就富有节奏感和韵律美了，让我们再一起来读一读吧！

设计意图：第一小节的学习充分凸显了儿童诗教学的特点，以读代讲，读得有趣，读得有层次。"跳蹦"与"蹦跳"的对比，体现了老师的良苦用心，让学生感受到了儿童诗的特点，同时悄无声息地进行了朗读的指导。

2. 学习第二小节

（1）一打开铅笔盒，拿出铅笔就发生了神奇的事情，"脚尖滑过的地方"这一节，谁来读？

（2）请同学们自由读一遍，一边读一边想象画面，并试着用自己的话说一说。

（3）谁用自己的话说一说刚才脑海中的画面？（学生交流）

（4）比较我们语言和诗人语言的不同。我们说"有一块大大的绿绿的草坪"，而诗人却这么说"大块的草坪，绿了"；我们说……诗人说……这就是诗歌的语言，简洁又充满童趣，谁来美美地读一读？

（5）指导朗读（根据学生情况进行指导）。

多美的画面！

脚尖在滑动，颜色在变化，怎样读出这种变化呢？听老师读（老师范读），重读了"绿""红""蓝"。后面的"了"字写出了神奇的变化过程，我们把"了"前面表示颜色的词语读重、拉长一点，变化就更大了。让我们感受到明丽色彩的变化。

破折号：破折号在这里的作用表示声音延长。读时，声音要微微拖长，稍做停顿，就更能读出诗的韵律美了。指名读、齐读。

设计意图：诗歌语言描述的梦境是儿童的思维，是儿童的想象，诗歌的语言贴近儿童，充满童真童趣，读来朗朗上口，又韵味十足。此小节的学习主要是引导学生读中想象，体悟诗情，感受诗歌语言的魅力。

3. 学习第三小节

（1）脚尖滑过了草坪、野花、天空，又来到了"葱郁"的森林里。随文识字：葱郁。出示卡片，指名读。结合图片，理解"葱郁"的意思。

（2）请大家自由读第三小节，边读边想象梦境中美丽的画面。

（3）在梦境中，你都看到了什么？指导朗读。

（这画面中有雪松）

我们来当雪松，我们也拉着手，就这样你拉着我，我拉着你，感受到了什么？

雪松们长得怎么样？（茂盛）为什么作者不说茂盛，而是说雪松们拉着手？（拟人的手法，更亲切）雪松们还会请小鸟留下歌声，小雪松，你们会对小鸟说什么呢？

（4）理解"结一个苹果般的太阳"。

看插图理解（把太阳当作苹果）可真有意思！这太阳的特点是又大又红！读出你的喜欢。更奇妙的是太阳结在小屋的烟囱上，请同学们看看课本的插图，多有趣的画面呀，指名读。谁能来说一说"……般的……"这样类似的词语呢？指导书写"般"。

（5）仿说练习。

出示情境图，先让学生自己说，根据学生情况进行指导。我们也来创造美丽的梦境吧！

设计意图：本小节指导学生在朗读感悟的基础上发挥想象，拓展思维广度，实现思维和语言的共同发展，提升学生的语文素养。在教学中用诗歌语言给予学生诗性的启蒙，用儿童化的语言启迪学生童心、体悟诗情，使之沉浸在文学的审美愉悦中，并通过想象，以仿带创发展儿童语言。

4. 学习第四小节

彩色的画笔创造了美丽的梦境，可真神奇，我们一起夸夸它！

彩色的梦境也神奇呀，我们也来夸夸它！

美丽的梦境就像小溪里的溪水一样源源不断。

板块四：美读童诗，课外拓展

（1）这节课我们跟随作者充满童趣的语言、丰富的想象，感受了梦境的美好与多彩，让我们再来美美地读一读吧。

（2）同学们心中也有美丽的梦，课下请完成教材第44页课后题。

（3）彩色的梦源源不断，多姿多彩，推荐阅读高洪波的儿童诗集。

设计意图：读是学习儿童诗的妙招，想象、仿创是学习儿童诗的秘妙。继续阅读高洪波的儿童诗，将读儿童诗引向课外更广阔的空间。

古诗文教学：在诵读悟情中传承文化

小学古诗文教学的路径

古诗文是中华民族传统文化的源头，文字简约，蕴涵丰富，是语文教学重要的组成部分。教学中，许多老师的做法可能就是让学生背过、默写过、简单说说诗句的意思就万事大吉了，殊不知这样一来，学生学习古诗文的兴趣全无，同时古诗的音韵之妙、意境之美、古诗情感是全然悟不透的。2016年5月19日，我有幸聆听了"山东省小学语文不同文体阅读教学研讨会"之"古诗文教学研讨"，深受启发。

一、诵读，古诗文教学之根本

在提供的4节观摩课中，4位执教老师都非常重视朗读。在"初读""品读""赏读""诵读"中引领学生感受古诗文带给我们的魅力。

例如，邹城市卓越老师执教的《伯牙绝弦》一文的"读"给我留下了深刻的印象。从开始的"你觉得哪些句子难读"，学生提出难读的句子后，老师进行指导、范读，再练习读，学生读书从读不好到读得有滋有味，让我们感受到了学生在课堂上的成长。指导难懂句子之后，又进行了全文朗读展示，学生的朗读很有感觉，让人不禁拍手叫绝。这样之后，老师并未结束，又引领学生模仿古人诵读的样子进行吟诵，老师先示范，学生再练读，让听课的老师不得不佩服这位老师深厚的文学功底。整堂课，老师没有进行一字一句的翻译、分析，而是让学生在不断诵读中去理解、感受知音难觅。

再如，临沂东城实验小学的修建老师在执教《送元二使安西》这首古诗时，也是将"读"做得非常到位。老师配乐朗读、师生合作读、品读等。在听课时，我还疑惑"师生合作读"的目的何在呢？他所谓的师生合作读是老师读前4个字，学生读后3个字；学生读前4个字，老师读后3个字，后来仔细斟酌，可能是为了培养学生朗读停顿吧。可以说停顿是朗诵的灵魂，其中有3位老师用到了停顿线，在画停顿线的地方如何读出音段意连是非常关键的。（但执教老师并未训练）

二、想象，古诗文教学之羽翼

古诗文言简意丰，用字凝练。古诗中"口里说不出来的意思"就要靠"想象"来实现。想象画面是古诗文教学之羽翼。引导学生进行合理的想象，就能体会到诗的意境之美。例如，修建老师在执教《送元二使安西》中，为了让学生体会王维诗歌的"诗中有画，画中有诗"这一特点，老师范读，让学生想象画面，这样的教学，既使学生了解了诗意，培养了学生的口语表达能力，更重要的是培养了学生的想象能力。再如，潍坊青州云门书院书画学校杨远滨老师执教的《竹石》这首诗，在学生初读正确、流利之后，老师让学生默读，想象画面，先一句一句想，然后整首诗连起来说一说。通过学生的想象，诗的意境之美也就植根于学生的头脑中了。

三、方法，古诗文教学之拐杖

引导学生掌握学习古诗文的一些学习方法，也是我们的教学目的之一。例如，济南市汇泉小学刘锐老师执教的《闻官军收河南河北》，除了运用"借助注释""借助时代背景"等方法来理解古诗的意思以外，还引导学生学习了一种新的方法——"借助评析"来进一步理解古诗蕴含的意思。刘锐老师借用了明代王嗣奭的评析："此诗句句有喜跃意，一气流注，而曲折尽情，绝无妆点，愈朴愈真，他人决不能道。"引导学生读全诗，重点在"句句有喜跃意"这一句上让学生抓住关键词语体会"喜从何处"，通过小组交流、全班讨论，进而引导学生体会到"喜从天降""喜极而泣""喜上眉梢""欣喜若狂""喜不自胜"……

再如，杨远滨老师在帮助学生理解竹子的精神、品质时，教学生做批注，抓住关键词语写批注，再进行交流，进而体会到竹子的品格。

博大精深的古诗文是浩瀚的海，零碎地思考如何在古诗文教学中进一步延伸，是新的起点……

精准目标，多元施策，有效开展文言文教学

——以《王戎不取道旁李》为例

文言文，是中华文化的载体。小学生要能借助工具书阅读浅易文言文，诵读优秀诗文，注意通过诗文的语调、韵律、节奏等体味作品的内容和情感。统编小学语文教科书（以下简称"统编教科书"）从三年级开始编排了多篇言简意丰的文言文，体裁丰富多样。教师要根据文言文的教学要求和学情，精准目标，多元施策，有效开展文言文教学。

一、把握教材内容，明晰"教什么"

统编教科书执行主编陈先云说过："现阶段重视、加强研究'教什么'，是用好统编语文教材的客观要求。语文教育工作者首先要在教学内容的理论研究上下功夫，发挥理论的指导、推动作用。"

（一）分析课后练习，明确教学内容

《王戎不取道旁李》课后编排了三道练习题，每道练习题都有清晰的能力训练指向。

1. 正确、流利地朗读文言文

《王戎不取道旁李》课后练习第一题为"正确、流利地朗读课文。背诵课文"。学生要读好本文并不容易，一方面要弄清文言文中生僻字和通假字的读音；另一方面要注意词句间的停顿。教师可以开展多种形式的朗读活动，帮助学生读正确、读流利，以期熟读成诵。

2. 结合注释讲故事

文言文言简意赅，同时个别字词存在古今意义的差别。《王戎不取道旁李》课后练习第二题为"结合注释，用自己的话讲讲这个故事"。"结合注释"是方法，"用自己的话讲讲这个故事"是目标，指向的是讲讲文章大意这

一关键能力。除了结合注释之外，教师还可以运用多种方法，帮助学生突破关键字词含义，疏通文义，从而把故事讲准确，乃至把故事讲生动。

3. 理解文中重点语句

《王戎不取道旁李》一文短小精悍，同时蕴含哲理、耐人寻味。课后练习第三题要求"说说为什么'树在道边而多子，此必苦李'"，这要求学生不仅能够说明大意，还要能够读懂文字背后的含义，意在指向"能懂"这一关键能力。

（二）纵向比对，明晰学习文言文的能力阶梯

对于一篇短小的文言文来讲，从单元整体教学的角度来看难以吃透文言文的编排意图，倘若将不同年段的同类文本进行比对，能力线索便会清晰地浮现出来。

1. 会读：正确、流利，一以贯之

统编教科书为了消除学生首次接触文言文的畏惧感，首篇文言文《司马光》采用了"跟着老师朗读课文，注意词句间的停顿"这一朗读方式，其余文言文朗读要求都为"正确、流利"。

"正确"是知识，"流利"是技能，技能需要在掌握知识的基础上不断练习、巩固。在实际教学中教师往往会先寻求读正确，再谋求读流利。看似没有能力阶梯，实则能力梯度默认存在。

2. 会讲：从借助注释到运用方法

统编教科书三、四年级课后练习都提到"结合注释"或"借助注释读懂课文"，毫无疑问，编者在强调指导学生要利用好注释这个"帮手"的重要性。而到五、六年级约有一半的统编教科书中的文言文课后练习未提及注释。不靠注释理解文章并不是没有章法，恰恰相反，这是得法的体现。四年级下册第六单元《文言文二则》课后练习第三题，一道看似不起眼的填空题，其实编者在向学生传递运用"组词法"理解文意；五年级下册第六单元《自相矛盾》和六年级下册第五单元《文言文二则》都提到可以运用"联系上下文"的方法理解文意。可以看出，教材编者在努力促使学生从借助注释讲文章大意向运用方法理解大意转变，尝试摆脱课文注释的"搀扶"，由"扶"到"放"。此外，还有一个细节值得注意，统编教科书三至五年级课后练习都有说说大意或讲讲故事的要求，而到六年级课后练习则要求学生说说关键句的意思乃至想想每句话的意思。由此可见，随着年段的提高，统编教科书对理解课文大意的"精度"也有所提高。

3. 能懂：从交流感受到辨析事理

统编教科书文言文课后练习最后一题大多要求学生能够读懂文字背后的深意。除开篇文言文《司马光》为"这篇课文的语言和其他课文有什么不同？和同学交流"这道"开场白"式的题目外，三、四年级大多以交流人物的印象等交流感受的方式来读懂文章。五、六年级大多以探究原因或说明观点这类辨析事理的方式来感受深意。从"印象"到"原因"或"观点"，学生对文言文理解的"清晰度"逐年提高。

纵向比对本文在所处年段中的能力要求定位清晰可辨。

（三）把握学生阅读"这一篇"课文的学习经验，确定同化、顺应的策略

1. 把握学生的学习经验

（1）生活经验方面。像《王戎不取道旁李》这样反映儿童聪慧的文章学生读过不少，这个故事的白话文部分同学也读过。同学们对于王戎这个人物可能不像司马光、孔融等那么熟悉，因此对这一人物可简单介绍。

（2）语文经验方面。小学阶段共有14篇文言文，《王戎不取道旁李》是第四篇。学生对文言文已经不再陌生，已经具备了一定的朗读文言文的能力。例如，在读正确的基础上，已经学会了据义断句，学会了运用借助注释和插图的方法理解文言文。

2. 确定同化、顺应的策略

根据对学生原有学习经验的把握，运用图式原理，促进学生在阅读中实现同化与顺应，是教师的责任，也是有效教学的实现路径。

例如，"多子折枝"的"折"字，作为多音字，课文未注音，也未作注释。学生可能会有陌生感，可能会根据已有的"图式"，联想到"折断"等词语，如果以这个意思来"同化"的话，显然会造成语音、语义上的困惑。出示插图，并把"折"的不同读音及意思呈现出来，就能帮助学生正确把握"折"的读音及意思，有利于学生进行新旧"图式"之间的心理加工整合，形成举一反三的迁移能力。

3. 确定本课的学习目标

（1）能正确、流利地朗读课文，背诵课文。

（2）能结合注释理解课文，并用自己的话讲讲这个故事。

（3）在诸儿与王戎不同行为的对比中，探知"树在道边而多子，此必苦李"的原因，从而深入王戎的思维过程，感受王戎的人物形象。

二、聚焦目标，探寻"怎么教"

（一）多种形式读，读通、读顺、读好

学习文言文，"读"是首要策略。在多形式读中，读出层次。利用教师范读、据义断句等方式，引导学生读通读顺、读出停顿、放慢速度读、去标点配乐读，在学生经历过想象情节，丰富画面的学习过程后，对人物的理解立体化、深刻化，读出文言文的韵味，从而做到熟读成诵，背诵积累。

（二）多种策略理解文意，讲好故事

1. 聚焦整体，任务驱动

"结合注释，用自己的话讲讲这个故事"这一目标通过构建"任务型支架"完成，其具体落实为：第一步，同桌合作互学，初步理解每句话的意思，并用自己的话讲讲这个故事。这个过程就是将文言语句译成现代汉语，这是文言文教学中常用的方法。第二步，教师依据学情帮助学生解决疑难，深入理解文意。第三步，教师看图说故事，学生找原文。文白对应，促进学生加深对课文的理解。第四步，学生练习讲故事。引导学生从内容完整、想象合理等方面讲出故事的层次。学生在一次次文白互换中，对文本内容深入理解，习得语言。

2. 多种方法突破关键字词

文言文的字词句，我们遵循以下处理原则。

（1）放过。文言文中古今一致，古今词义直接对应的字词以及文中标有注释的我们放过，不需要特别处理。

（2）突出。古今同中有异的常用字词，文言文阅读教学中应予以突出。如本课中的三个"之"。

（3）深入。文言文中的有些字词句，光浅表地知道，是远远不够的。在文章的"章法考究处""炼字炼句处"以及需要学生具体感受的词句要由表及里，深入挖掘，引导学生充分体会。如"看道边李树多子折枝，诸儿竞走取之，唯戎不动"。引导学生使用借助注释和插图的方式理解"多子折枝"的意思，感受"诸儿"和"王戎"截然不同的表现，深入王戎的思考过程，突出人物形象。

在课堂一开始，就给学生构建"策略型支架"：之前是怎么学习文言文的？引导学生借助注释、借助插图、结合生活经验、联系上下文等具体的策略方法梳理，为本课的学习做好铺垫。

3. 适当补白内容

其一，补白省略。古今汉语都有语言省略的现象，但由于文言文语言高度

凝练，其省略现象更加突出，学生解释时需要适当补白省略内容，才能把故事讲得更完整、通顺。在理解意思时对"看道边……""答曰……""取之，信然"这几句，引导学生联系上文补白省略人物的称呼。

其二，加入想象。通过补白内容的方式讲故事，不仅要补白省略的内容让故事更通顺，还可以加入想象使故事更具体。如"诸儿竞走取之"，诸儿会怎么说、怎么做？当诸儿摘下来一尝，发现果然是苦的。大家又会怎样佩服王戎？请学生大胆发挥自己的想象。这样一来，活泼冲动的小伙伴就与冷静善思的王戎形成了鲜明的对比。同时，真实的画面、真切的情境对学生把故事讲具体也大有裨益。

4. 留意语气讲生动

统编教科书所选文言文贴近儿童，情节丰富，内容多语言描写。《王戎不取道旁李》中写道："人问之，答曰：'树在道边而多子，此必苦李。'"这篇文言文篇幅虽短，但这里却直接引用了王戎的原话，该用什么语气来读？（坚定）相机追问："哪个字告诉了你？"（点红：必）倘若学生讲故事时还能留意说话的语气，故事会更生动。

（三）培养思维，读懂故事

1. 读懂思维过程

《王戎不取道旁李》这课，一明一暗双线对比，表现了王戎的聪慧过人。针对本篇文言文的特质，"说说为什么'树在道边而多子，此必苦李'"。抓住本文的第一处对比"诸儿竞走取之"和"唯戎不动"，调动学生的生活经验，由表及里深入文本内容，将王戎的思维过程展开，初步训练学生逻辑推理思维。"诸儿"年幼，不知苦李于情理之中。但是路人也半信半疑，直到"取之"，才"信然"，这一对比更突出了王戎"非同一般"的聪慧，梳理出这一对比，感受作者谋篇的独具匠心，培养学生思维。

2. 感悟人物特征

抽丝剥茧读懂思维过程的同时，教师还可以引导学生感悟主人公的人物特征。从"诸儿竞走取之"和"唯戎不动"的对比中感受王戎的冷静；从言语中感受王戎的善于思考；从"此必苦李"的"必"感受王戎的自信。学生在思辨中，读懂了文章，读懂了人物，传承了优秀传统文化。

学习文言，传承文化

——《杨氏之子》教学设计

一、教材解读

《杨氏之子》是统编版小学语文五年级下册第八单元的第一篇精读课文，是一篇文言文，行文简要精当，共55个字，情节也相对简单，三两句话就将一个充满智慧而又风趣幽默的故事讲述得很清楚，属于典型的微型结构的故事性文章，再加上编者恰到好处的注释，虽然是古文，却并不难理解。

本单元的语文要素是"感受课文风趣的语言"。三年级上册已经安排过"关注有新鲜感的词语和句子""感受课文生动的语言"等语文要素，本单元再次聚焦语言，让学生感受语言的风趣，是对语言感受力要求的进一步提高。

二、教学目标

1. 能正确、流利地朗读课文，背诵课文。

2. 能根据注释和工具书理解词句，了解课文内容，体会故事中孩子的聪慧之处。

三、教学过程

第一板块：复习导入，理解题意

1. 复习导入

出示司马光砸缸、王戎不取道旁李的故事图片，让学生看图猜故事。司马光、王戎给你留下了什么印象？他们的聪明有什么不同呢？今天我们再来认识一个聪明的孩子。

2. 理解题意

板书课题。"杨氏之子"怎么理解？（杨家的孩子）那你是王家的女儿，可以怎么说？（"王家之女"）

设计意图：这个环节的设计意图在于在旧知与新知之间建立联系，引导学生构建"聪明"的多维度内涵，有意识地发展学生的比较思维，同时激发学生学习新课的兴趣。带领学生理解题意的同时，引导他们运用简单的文言，达到情趣与理趣的融合。

第二板块：初读课文，读通读顺

1. 同学们课前已经预习了课文，你能读准字音、读通句子吗？指名读

2. 根据意思指导读好下列句子

（1）为设果，果有杨梅。

"为"是"给"的意思，所以在这里读"wèi"。

（2）儿应声答曰："未闻孔雀是夫子家禽。"

"家禽"，古文中指两个词，家指家庭，禽指鸟类。所以在"家"后面要停顿一下。

3. 指导读出节奏

停顿是文言文朗读的灵魂，你能试着读出文言文的节奏吗？指名读。老师范读，同桌互读。

设计意图：运用多种形式，指导学生读好难读的句子。引导学生"据义定音""据义断句"。从读准、读通、读出节奏的梯度读顺课文。

第三板块：借助注释，读懂故事

出示合作互学要求：请同学们默读课文，借助注释理解每句话的意思。和同桌说一说课文主要讲了一个什么故事。

1. 指名说一说

2. 预设

（1）为设果，果有杨梅。

谁为谁设果？（杨氏子给孔君平摆上水果。补充上"人物"，让句子意思更完整）

（2）孔指以示儿曰："此是君家果。"

孔君平指着什么给杨氏子看？运用上面补充成分的方法来说说这句话的意思。

3. 同桌互相说说这个故事

4. 师生合作文白对读

老师读白话文，学生读文言文，读出文言文的味道。

设计意图：句意理解是读懂文言文的关键。这一环节先学后教，以学定教，让学生自主学习，质疑问难，充分利用差异资源解疑释难。对于存在的共性问题，教师适度点拨、引导或讲解，帮助学生借助注释了解课文大意。

第四板块：读透故事，品悟机智

（1）读了这个故事，杨氏之子给作者留下了怎样的印象？请用文中的词语来回答。（"甚聪惠"）

（2）引导学生深入理解"聪惠"的含义："聪"指聪明。"惠"跟"智慧"的"慧"是通假字，《辞海》中有三种解释：仁慈；柔顺；聪明。仁慈、柔顺就是有教养、有礼貌。"聪惠"的意思就是聪明、有教养、有礼貌。

（3）让学生再读课文，想想从哪些词句可以看出，杨氏之子非常聪明、有教养、有礼貌。

（4）结合学生的回答，引导学生抓住以下词句感受孩子的聪慧。

① 从"九岁""儿应声答曰"可以看出，孩子年龄小，但反应快，思维敏捷，很聪明。

指导读好对话，分角色朗读。

② 从"此是君家果""未闻孔雀是夫子家禽"的对话中可以看出，孩子听懂了孔君平的话，而且抓住"孔姓"提出孔雀做对答，显得非常巧妙，展示了孩子过人的学识与智慧。

此时，杨氏子心里会想些什么？

预设：不服气、我才不怕呢，我马上反击你。指导学生读出不服气、自信的语气。

小结：你拿杨梅取笑我杨氏子，我就拿孔雀反击你孔君平。这就叫"以其人之道还治其人之身"，真是"甚聪惠"。

③ 最妙的是，他没有生硬地直接说"孔雀是夫子家禽"，而是采用了否定的方式，说"未闻孔雀是夫子家禽"，婉转对答，表达了"既然孔雀不是您家的鸟，杨梅岂是我家的果"这个意思，使孔君平无言以对。

比较阅读：未闻孔雀是夫子家禽。孔雀是夫子家禽。

这两句话语气上有什么不同？第一句语气比较婉转，听起来有礼貌，而第二句语气硬邦邦的。指导学生带着不同的语气读出意味。

再造情境，迁移运用"未闻……"。

如果家里来的是黄君平、李君平，杨氏子又会如何应对呢？

④ 从"为设果"可以看出，孩子有教养，能以礼待客，端出水果招待客人。

设计意图：这一板块聚焦"杨氏之子甚聪惠"这一关键问题，引领学生辐射全文，抓住重点词句，走进文本，与孔君平、杨氏之子及作者进行深入对话，理解杨氏之子的聪之处、慧之举。同时体会到杨氏之子的机智，单元语文要素"感受课文风趣的语言"也扎实落地。

第五板块：讲好故事，读出韵味

1. 创设情境，读出韵味

老师为同学们找到了这个故事的动画片，只是这个动画片没有声音，同学们想不想给这个动画片用文言文配音呢？

指名配音。全班同学一起给动画片配音。

2. 练习讲故事

同学们能加上表情、动作来讲一讲这个故事吗？

同桌互讲、指名讲。

3. 背诵课文

（1）填空式练习背诵。

（2）全体背诵。

设计意图：文言文是进行中华优秀传统文化教育的重要载体。本篇呼应的核心教育价值是"风趣和幽默是智慧的闪现"。在学文的基础上，学生已经体会到了杨氏子的言行魅力，感受到了语言的风趣与杨氏子的机智。通过创设情境，练习讲故事，读出韵味，背诵课文，进一步让学生感受中华优秀传统文化的精髓，真正做到以文化人。

第六板块：推荐阅读

课后让学生阅读《世说新语》中的其他小故事，体会语言的特点。

设计意图：传承文化的同时，将读书引向课外，进一步体会语言的风趣与幽默。

入情入境，感悟品质

——《古诗三首》教学设计

一、教材解读

《古诗三首》是统编版小学语文四年级下册第七单元的第一篇精读课文。本单元的人文主题是"人物品质"，单元语文要素是"从人物的语言、动作等描写中感受人物的品质。学习从多个方面写出人物的特点"。

本单元编排了《古诗三首》《"诺曼底号"遇难记》《黄继光》《挑山工》四篇课文，从不同方面展现了人的精神追求和高尚品格。《古诗三首》这篇课文由三首古诗组成，分别是唐代诗人王昌龄的《芙蓉楼送辛渐》、唐代诗人卢纶的《塞下曲》和元代诗人王冕的《墨梅》，安排这三首古诗，旨在引导学生积累经典诗歌，感受诗歌表现的精神品格。

《芙蓉楼送辛渐》是一首送别诗，前两句写景，景中藏情，后两句言志，写的是自己。这首诗构思别致，既写了与朋友的离情别绪，又写了自己的志向与品格。

《塞下曲》是一首边塞诗，前两句写敌军的溃逃，后两句写将军准备追敌的场面。本诗情景交融，没有写冒雪追敌的过程，也没有直接写激烈的战斗场面，而是给人留下了想象的空间。

《墨梅》是一首题画诗，诗人表面上是在赞美墨梅不求人夸，只愿给人间留下清香的美德，实际上是借梅自喻，表达自己对人生的态度以及不向世俗献媚的高尚情操。

二、教学目标

1. 随文认识"芙、蓉"等7个生字，读准多音字"单"，会写"洛、壶"等8个字。

2. 能有感情地朗读课文，背诵课文，默写《芙蓉楼送辛渐》。

3.能理解诗句的意思，抓住关键词句感受诗句表现的精神品格。

三、教学过程

第一课时

1. 谈话导入，激发兴趣

（1）读单元导语页，明确单元人文主题和语文要素。

（2）这节课我们先走进本单元的第一篇课文《古诗三首》。

（3）检查古诗朗读情况，正音。

（4）下面让我们走进古诗——《芙蓉楼送辛渐》。（板书课题）

（5）读了课题，你知道了什么？这是一首送别诗。题目交代了送别友人的地点（芙蓉楼）和友人的名字（辛渐）。

（6）了解作者及写作背景。

设计意图：此环节明晰了本单元的人文主题及语文要素，激发了学生学习本单元的兴趣。检查古诗朗读情况，正音，开启第一首古诗的学习。

2. 初读古诗，整体感知

（1）指名读，指导书写"壶"。

①借助图片识记形声字"芙蓉"和"玉壶"。

②重点指导书写"壶"字。（播放"壶"字的演变视频）指导书写，强调容易写错的地方，学生书写。

（2）再读古诗，读出节奏。

（3）老师范读，学生再读。

（4）回顾理解古诗的方法，选择喜欢的方式说说自己对这首古诗的理解。

设计意图：此环节通过反复诵读，借助图片和字源的演变过程，帮助学生识字和书写。多种方法初步理解诗句，使学生在脑海中形成一定的画面，拉近学生与文本之间的距离，初步感悟诗歌的空灵之美。

3. 重点品悟，美读古诗

（1）入情入境，品味孤独。

①体会"寒"，感悟"孤"。

a.圈出诗中能够表达情感的景物并交流。

b.这些景物，你仿佛看到了怎样的画面？（出示图片）说说你的感受。

c.诗中的哪些词语让你感受到了离愁别绪呢？请同学们一边默读，一边圈画。（学生汇报）（板书：寒、孤）

② 感情朗读。

所谓即景生情，寓情于景，这字里行间都透露着诗人的孤寂之感，让我们读出诗人内心的这份孤寂吧。

设计意图：此环节通过引导学生抓住"寒"与"孤"，借助图片想象、朗读，帮助学生体会雨的"寒"与楚山的"孤"，感悟离别的"寒"与内心的"孤"，让学生感受诗句所传达的离愁别绪。

（2）聚焦人物，感悟品质。

① 了解典故，感悟品质。

在王昌龄之前，"冰心""玉壶"就已被人写进诗中。

直如朱丝绳，清如玉壶冰。——［南北朝］鲍照《代白头吟》

离心何以赠，自有玉壶冰。——［唐］骆宾王《送别》

鲍照用"玉壶冰"比喻高洁清白的品格。骆宾王用"玉壶冰"比喻纯洁的真情，那么王昌龄借"冰心""玉壶"想表达怎样的情感？

学生回答。（板书：正直、清廉）

② 拓展背景，深悟品质。

出示资料：

王昌龄是唐朝伟大的诗人，他在文学方面的成就有目共睹。然而，他的仕途却并不顺利。王昌龄性格豪放，不与世俗同流合污，不向恶势力低头，所以招来恶意的诽谤，又遭人陷害，屡次被贬，多年背井离乡，漂泊在外。本首诗就是他被贬后所作。

看了这则资料，你又有了哪些发现呢？（指名回答）

③ 创设情境，引导学生激情朗诵古诗后两句。

a. 在那长亭外，瑟瑟秋风中，我们听到了这样两句话——（生朗诵）

b. 在那古道边，萋萋芳草地上，我们听到了同样两句话——（生朗诵）

c. 在那一叶小舟上，茫茫沧海边，我们也听到了那两句话——（生朗诵）

那是王昌龄对家人、对朋友、对朝廷如冰心、玉壶般清澈见底的忠心啊！

④ 配乐朗诵，尝试背诵。

设计意图：此环节通过典故拓展、补充资料、创设情境、激情引读的方式，引导学生走进诗人的内心世界，感悟诗人那种对家人、对朋友、对朝廷矢志不渝的爱，无论何时何地都未曾改变，就像冰一样清澈、玉一样纯洁。

4. 拓展阅读，布置作业

（1）收集送别诗，体会诗中表达的情感。

（2）背诵并默写《芙蓉楼送辛渐》。

设计意图：此环节由课内延伸到课外，引导学生积累诗句，激发了学生的学习兴趣，增加了学生的文学积淀。

第二课时

1. 温故知新，激趣导入

（1）检查背诵古诗《芙蓉楼送辛渐》。

（2）回顾上节课学习古诗的方法。

解诗题，知诗人，读诗文，明诗意，入诗境，悟诗情。

（3）这节课我们学习《塞下曲》《墨梅》这两首古诗。

2. 合作探究，品味感悟

（1）卢纶的边塞诗雄壮豪放，字里行间充溢着英雄气概，读后令人振奋。接下来我们学习第二首古诗——《塞下曲》。

（2）小组内合作学习。

（3）学生汇报交流。

① "塞下曲"是边界上的歌曲，是唐代的一种歌曲名称，内容大都描写边疆的战斗生活。

② 卢纶：唐代诗人，大历十才子之一。曾参过军，他描写的军队生活的诗歌，内容充实，富有生气。

卢纶的《塞下曲》组诗共六首，这里选的是第三首。

③ 读诗句，并简单说说诗句的意思。

④ 卢纶想借助诗句表达怎样的精神品格呢？请同学们再读古诗，圈画关键词句。学生汇报交流。

设计意图：此环节从景入手，抓住"月黑""雁飞高""满弓刀"等重点词语感受画面内容，并由景入情，前两句重点品读"逃"字，感受单于惊恐的心情，想象他狼狈的样子；后两句由"逐"入手，感受将士不畏艰险，奋勇追敌的豪迈气概。

⑤ 创设情境，激情朗读。

同学们，我们想一想，这些将士后来怎么样了呢？古诗没有直接写战争的场面，这其实就是古诗的绝妙之处，引人无限想象。如果你是将士里面的一员，请你用诗句回答我。

师：在茫茫的大漠上，大雪纷飞，寒冷刺骨，将士们追还是不追？（生答）

师：在这边疆地区，风雪连天，前方可能还会有更多的危险，将士们追还是不追？（生答）

师：行路如此艰难，这些大唐将士面对这样的恶劣天气，追还是不追？（生答）

设计意图：创设情境，描绘将士们一个个奋勇追敌的情景，采用引读的方式，引导学生感受雪夜作战的艰辛和唐军英勇杀敌的大无畏的英勇气概。

⑥背诵王昌龄的《出塞》和王翰的《凉州词》。

3. 自主学习《墨梅》

（1）下面请同学们用刚才的学习方法自学《墨梅》，看看这首诗表达了诗人怎样的品格呢？

设计意图：把课堂还给学生，充分尊重学生的主体地位，使学生在充分自学、合作、交流中理解诗意，感悟诗情。

（2）学生自主学习后汇报。

①解课题，了解作者。

②《墨梅》是一首题画诗。墨梅，用水墨画成的梅花。

③了解作者。

④朗读古诗并汇报诗意，其他学生补充。

⑤品味诗歌，感悟诗情。

a. 诗中的墨梅有什么特点？从哪里可以看出？

引导学生抓住"淡"和"满"的意思体会梅花的特点。

b. 诗人王冕为何会对淡雅的梅花如此钟爱呢？诗中的他仅仅是在赞美墨梅吗？他想表达自己怎样的心声呢？

c. 读了资料，你觉得王冕是个怎样的人？（课件出示资料）

其一，元朝的达官贵人们千金向他求画，王冕拒绝了。

其二，老朋友泰不华举荐他做官，王冕谢绝了。

其三，明朝开国皇帝朱元璋赏识他的才华，决定重用他，王冕选择了退隐山林。

学生回答。（淡泊名利）

引导：王冕性格孤傲，鄙视权贵，他的诗作多同情人民的苦难、谴责豪门权贵、轻视功名利禄。

d. 王冕为什么会把名利看得那么淡呢？或者说王冕看重的又是什么呢？用诗句回答。（"不要人夸好颜色，只留清气满乾坤"）齐读。

引导：请你再读读这两句诗，静静地想一想，并结合王冕的品性，你对这两句诗中的哪些词句又有了新的认识。

"好颜色"不仅指墨梅的素雅清丽，也指作者的淡泊名利。

"清气"不仅指梅花的淡淡幽香，也指作者的清白正气。

e.创设情境，激情引读。（课件出示）

师：王冕呀，你拒绝了达官贵人，拒绝了朋友，甚至拒绝了赏识你的皇帝，这样便再没有人欣赏你的才华了，你害怕吗？

生："不要人夸好颜色，只留清气满乾坤。"

师：是的，做自己最重要，做清白正气的自己最重要！

生："不要人夸好颜色，只留清气满乾坤。"

师：是的，因为在你心里永远坚守的是——

生："不要人夸好颜色，只留清气满乾坤。"

⑥ 王冕借梅花的淡雅清香来表达自己的志向，抒发自己的情怀，这种写法叫什么？（托物言志）

齐读："画梅须具梅气骨，人与梅花一样清。"

⑦ 拓展阅读。

a.墙角数枝梅，凌寒独自开。——王安石《梅花》

b.梅须逊雪三分白，雪却输梅一段香。——卢钺《雪梅》

c.已是悬崖百丈冰，犹有花枝俏。——毛泽东《卜算子·咏梅》

设计意图：这首诗充分让学生自学，然后交流学习收获，在关键处"体会品格"时，老师引读，深化学生对诗的理解，对诗人高洁品格的领悟，激发起学生对诗人的敬佩之情。

4. 对比阅读，整体回顾

（1）课件出示三首古诗，齐读。

（2）对比三首古诗，你发现它们有哪些相同和不同之处？

相同点：这三首诗都是抒发和赞美人物的精神品质的。

不同点：三首诗感情的出发点不一样，抒发的感情也就不同。

5. 布置作业

（1）收集并背诵古诗《石灰吟》《竹石》，并想想这两首古诗分别表达了诗人怎样的志向呢？

（2）背诵《古诗三首》并默写。

设计意图：引导学生运用习得之法，举一反三，积累古诗，活化思维，激发学生热爱古诗的强烈愿望。

中 篇

写作教学：
走向真实情境

基于真实写作理论的写景习作教学初探

写景习作与写人、记事类习作相比，对于小学生来说难度更大。学生由于年龄小，阅历浅，不会主动观察，且没有足够的语言积累，以至于对写景习作不感兴趣，写出的写景作文也是平淡无奇。作为小学阶段作文训练的重要类型之一，统编教材单元习作中编排了多篇写景习作，其重要程度不言而喻。

一、统编教材写景习作编排特点

统编小学语文教材中共安排了四次写景习作，从习作内容、习作要求上看，写什么、怎样写，层级各有不同。

1. 习作内容遵循向生活要素材的原则

第一篇写景习作是三年级上册第六单元习作"这儿真美"，观察景物锁定为"身边的美景"。对于三年级的学生来说，身边的美景随处可见，便于学生观察，学生乐于表达。四年级上册第一单元习作"推荐一个好地方"，四年级下册第五单元习作"游＿＿＿＿＿＿＿"是聚焦自己游览过的印象深刻的地方，按照游览的顺序写出不同景物的特点。五年级上册第七单元习作"＿＿＿＿＿＿＿即景"是观察一种自然现象或一处自然景观。四次写景习作在内容上均体现了引导学生观察美景、热爱生活、向生活要素材的原则。可见，观察是儿童认识世界的重要路径，也是学生写好写景习作的关键。

2. 习作要求呈现循序渐进的能力梯度

三年级上册第六单元习作"这儿真美"，要求学生在仔细观察的基础上，试着运用课文中学到的方法，学习围绕一个意思写，这是段的训练；四年级上册第一单元习作"推荐一个好地方"要求学生推荐一个好地方，写清楚推荐理由，吸引大家去看看；四年级下册第五单元习作"游＿＿＿＿＿＿＿"要求学生写自己游览过的印象深刻的地方，按游览的顺序把游览的过程写清楚；五年级上册第七单元习作"_____即景"要求按照一定的顺序描写景物，注意写出景物的动态变化，使画面更加鲜活。从"学习围绕一个意思写"到"写清楚推荐理由"到"按游览的顺序把游览的过程写清楚"再到"写出景物的动态变化"，习作内容编排梯度遵循了循序渐进的原则，符合学生的认知特点。

3. 支架搭建贯穿习作的整个过程

统编教材中的四次写景习作都注重给学生提供习作支架，以减轻学生习作的难度，并贯穿在习作前、习作中、习作后的整个习作过程。如四年级上册第一单元习作"推荐一个好地方"的习作提示中："每个人都有自己喜欢的地方，你愿意和大家分享吗？推荐一个好地方给同学吧。"习作前通过创设情境支架，激发学生表达的欲望；"你打算推荐什么地方？……如，推荐一个古镇：这个古镇很美……在那里可以了解……这个古镇有很多好吃的……"习作中通过引导性提问和举例的方式搭建支架，提示学生如何写；"写完后，自己先读一读，看看有没有把这个地方介绍清楚，……请他们提出修改建议"。习作后搭建评价、修改支架，指导学生进一步修改、完善、分享习作，从而真正实现过程写作。

二、基于真实写作的写景习作教学建议

目前大多数老师认为习作教学难，写景习作教学更难，一般的习作教学流程即是审审题目要求，读读范文，学生写，教师评，而习作教学内容教学化明显不足。中高年级学生在写写景作文时往往碰到三个问题：一是缺少主动的观察思考，言之无物；二是缺少丰富的语言积累，习作空洞；三是缺乏情感和想象，景物描写千篇一律。鉴于以上写景习作中存在的问题，我尝试运用真实写作的理论来突破写景习作教学。

真实写作是魏小娜博士提出的写作理论，它与传统的真实写作重视客观摹写、张扬主观表达、重视真情实感不同，魏博士认为应对现实生活的真实写作本质上是基于真实生活情境的"动态的、生成的、改造的、探究的"写作。真实写作以"情境认知理论""真实性评价理论"和"整体语言理论"为理论基础，在心理学和语言学理论观照下探寻真实写作的本质与内涵，即真实写作具有"真实的情境""真实的写作任务""多元形态的课程统整"这三大特点。真实写作是一种"知识转化的加工过程"（认知心理学视角），是"认知过程"（认知语言学视角），是"不断挖掘和重塑想法的过程"（语言交际原则）。

1. 创设真实的任务情境

真实写作认为真实的任务情境主要包括：真实的写作场景、真实的写作目的和读者、真实的写作材料、真实的问题等。学生为什么不愿意写写景作文？真实写作认为关键是真实的任务情境没有创设好。

统编教材在任务情境的创设上比起以前的教材已有改观，但仍不够明晰，不足以激发学生对写景习作的兴趣动力。这就需要教师在教学过程中挖掘习作内容里隐藏的真实写作的要素，进行在真实写作理论下的习作教学内容教学化实施。

例如，三年级上册第六单元习作"这儿真美"，习作话题是把身边的美景介绍给别人。教师首先要为学生创设真实的习作任务情境，让学生在情境中找到真实的习作目的，有明确的读者意识，进行真实写作。统编教材中习作话题为"让我们把身边的美景（话题）介绍给别人（读者）吧！"，然后从写之前、写之时和写好后的提示为学生提供习作支架。教学中，我对习作任务进行了改造："学校广播站要推出'家乡的美景'栏目，现面向全校同学征稿，请同学们把身边的美景推荐给广播站，让全校的同学们都了解一下我们周围美丽的风景吧。"改造后的习作内容创设了"给学校广播站'家乡的美景'栏目投稿"这样一个真实的任务情境，习作目的更加明确，读者意识更强。其次，创设好任务情境之后，再指导学生先去仔细观察身边的美景，看看这个地方有些什么，是什么样子的。最后，写作的时候再去指导学生如何围绕一个意思写。这样教师对习作任务进行改写，设计成真实的写作任务情境，让学生真正以"交流"为目的，乐于表达。

2. 提供有效的写作支架

创设真实的任务情境只是帮助学生明确"为什么写"，而"怎么写"对于小学生来说也是至关重要的。鉴于小学生的学习经验与所学内容之间的差距，提供有效的写作支架对小学生来说是必不可少的。

统编教材的习作内容中也提供了部分支架，如统编教材五年级上册第七单元习作"＿＿＿＿即景"，为了帮助学生写好本次习作，习作前、习作中、习作后均安排相关的写作提示作为习作支架，这些支架对于教师教学能起到很好的指导作用，但是对于学生来说还需要教师将这些习作内容变成教学内容进行教学，也就是要提供有效的习作教学支架。我在教学中提供了以下习作支架。

习作前：

（1）仔细观察一种自然现象或一处自然景观，用手机录下来，并发到班级交流群内。

（2）积累描写自己观察的自然现象或自然景观的词语，摘抄下来并记住。

习作中：

（1）结合《四季之美》"秋天""冬天"两个段落，看作者是按照什么顺序来写的？

（2）结合《月迹》第2自然段，思考作者是抓住月亮哪方面的变化来写月亮升高这一过程的？

习作后：运用评价量表互评习作，修改习作。

习作前的支架设计目的在于指导学生做好"观察"和"积累词语"两个方面的习作准备；习作中的支架旨在指导学生"怎么写好"本次习作，聚焦核心目标"按一定顺序写"和"写出景物的动态变化"；习作后凭借评价量表指导学生完成评改任务，进一步完善习作。

3. 实践真实性评价

真实性评价是基于真实的任务进行的评价。真实性评价的主要特点有：一是强调学习和思考的方法，特别是解决实际问题的高阶思维能力；二是任务必须要与真实生活情境相关联；三是过程和作品是评价的重点；四是事先确定学生作业的表现的规则和标准。

统编教材中四次写景习作都非常重视学生的评改，习作内容的最后一部分都是组织学生交流、分享、修改习作。教师在真实的任务评价过程中，要依据习作目标及学生预写的情况，设计描述性的评价反馈量表，让学生自评、互评，然后修改完善。

以四年级下册第五单元"游_____"为例，我在教学中依据本次习作的教学内容及学生的实际，设计的基于真实任务的评价量表如下。

"游_____"习作评价量表				
评价内容	星级	自评	互评	教师评
按照一定的游览顺序	☆☆☆			
写清楚印象深刻的景物的特点	☆☆☆			
语句通顺，恰当使用过渡句	☆☆			
书写认真	☆			
标点规范	☆			

评价量表中评价内容有聚焦本次习作的具体习作目标，如"按照一定的游览顺序写""写清楚印象深刻的景物的特点"，也观照常规的习作要求，如

"语句通顺""书写认真""标点规范"等，做到每次习作评改有重点。评价形式有学生自评，也有生生互评，教师评价放到学生修改完善之后，以鼓励为主。

写景习作是小学习作教学非常重要的习作内容。教学中，教师要正确把握统编教材写景习作的编排特点，创设真实的写景习作的任务情境，为学生搭建有效的习作支架，将真实性评价贯穿习作的全过程，学生对于写景习作的畏难情绪将会得到改观，小学写景习作教学也会得到改善。

参考文献

［1］中华人民共和国教育部.义务教育语文课程标准（2011年版）［S］.北京：北京师范大学出版社，2012.

［2］魏小娜.真实写作教学研究［M］.北京：人民出版社，2017.

写作准备，让学生"有米可炊"

习作教学中，解决学生"无米之炊"的关键在于让学生"有啥可写"，而让学生"有啥可写"就得关注写作准备。在《语文课程标准》中对写作准备的评价也给予了高度关注："写作材料准备过程的评价，不仅要具体考察学生占有材料的丰富性、真实性，也要考察他们获取材料的方法。要引导学生通过观察、调查、访谈、阅读等途径，运用多种方法搜集材料。"因此，我认为，写作，应让学生打一场有准备的"战斗"。写作前的准备工作做得充分了，他们就写得快乐，赢得精彩了。

心理学把创造性思维过程分为准备阶段、酝酿阶段、豁朗阶段和验证阶段。无论是科学还是艺术创造，其思维过程大体都包括这四个阶段。写作对学生来说就是一种创造。准备阶段就是围绕所要解决的问题，积累素材，收集材料，理出头绪的过程。资料准备得越充分，越有利于开阔思路，进而顺利解决问题。因此，在准备阶段中，要努力创造条件，创造有目的、有计划的条件让学生做充分的准备。

一、提前通知，做好心理准备

我认为学生写作文前要先有心理准备。每次写作文前，我都会提前将作文要求和有关事项告知学生，让学生有心理准备。这样，学生就不会在课堂上一看到作文题目就胆怯、不知所措了；而是有一种自信。这种积极的心理准备对写好作文大有裨益。

二、观察生活，积累材料

在学生明确训练的要求目标的前提下，让学生去收集与此次写作有关的材料。《语文课程标准》指出："写作教学应贴近学生实际，让学生易于动笔，乐于表达，应引导学生关注现实，热爱生活，积极向上，表达真情实感。"这一指导思想充分传达出作文教学特别注重倡导"从生活中取材"这一先进教学理念，也就是说，老师在作文教学过程中必须重视学生通过日常生活收集、积累和发掘习作素材，提倡写出生活的真实面目。

生活是"源"，写作是"流"，"源"开则"流"畅，"源"堵则"流"竭。生活广阔无垠、丰富无比，犹如一座宝库，取之不尽，用之不竭。如何使生活成为写作素材而源头活水不断？那就要依赖于观察，提高观察的质量。

例如，在写苏教版五年级下册第四组作文"写一篇参观记或游记"时，提前让学生了解了写作要求之后，学生在头脑中迅速搜寻自己去过的好玩的或印象深刻的地方，实在没有印象深刻的地方，去高青的芦湖公园、千乘湖公园、柳春园游览一番，还是来得及的。

再如，第五组作文"写身边的小能人"，在知道写作要求之后，让学生根据自己已有的积累对自己写的对象进行细致的观察，当然也可以采用访谈的形式，并做适当的记录。记录表如下。

观察对象	特长	具体事例

给学生一周观察时间，指导学生对观察的对象进行比较细致的观察，只有这样，在写作的时候才能关注到细节描写。

当然，在生活中培养学生的观察能力不仅仅是结合作文训练来进行。平时我引导学生养成观察的习惯，并把自己的观察和感受及时地记录下来，养成勤动笔的习惯。这也是积累材料的一个过程。

三、活动激趣，准备材料

对于小学生来说，参加各种实践类的活动也是积累材料的好途径。只有亲身参加了这项活动，才会有真切的活动体验，在写的时候才能写出真情实感。

在写活动类、体验类的作文时，我总喜欢给学生创设一定的情境，和学生一起组织活动，让学生在活动中边体验边学着写作。印象比较深的一次是：在写苏教版小学语文三年级下册第七组习作时，写作内容是让学生写一篇日记。日记，这倒简单，自一年级下学期开始，我和孩子们就开始一起写日记了。格式不是问题，难点在哪里呢？"请你回忆一天的所见所闻、所做所想，选择一件最有意思的事，仿照例文写一篇日记。""有意思"，凭借多年的教学经验，这应该是本次习作的难点。为了验证我的预设，利用课间，我询问了几名学生，他们在今天发生的事中提取不到有意思的事，即使觉得有意思，也表达不出来，自己边说边笑，听者倒一脸茫然。

孩子们不是最喜欢玩游戏吗？这次日记，我何不在课堂上和学生一起来玩"画鼻子"的游戏，然后指导学生怎样写出"有意思"呢？

一切准备就绪，我走进教室，先在黑板上画了小人头。"同学们，来观察一下，这个小人头什么样？"我面带微笑地问大家。

"这个小人戴着一顶粉红色的帽子，有着粉嘟嘟的脸蛋、大而有神的眼睛。"

"这个小人长得蛮可爱的，咦，怎么少了鼻子？"

"是呀，你们想不想给这个小人画上个鼻子呢？"

"想！""我来！""我来！"教室里顿时热闹起来。"同学们，今天我们不仅要给这个小人画上鼻子，还有一个重要的任务。"我故意停了停，孩子们安静下来，"要仔细观察上来画鼻子的同学是怎样画的？下面的同学的表现也要仔细留意，好吗？"

第一个跑上来的是晓乐，我提醒同学们现在就得注意观察了。等晓乐画完以后，我让同学们把刚才看到的说一说，同学们的话匣子打开了：

"王老师用红领巾把晓乐的眼睛蒙上，用手在晓乐眼前晃了晃，见没有反应，确信晓乐什么也看不见了，然后又让晓乐左转三圈，右转三圈，这才罢休。"

"晓乐显然已经不知东西南北了，跌跌撞撞地往书柜方向走，只听下面有的同学在那儿喊'错了''方向错了'。还没等晓乐回过神了，'哐'一声，碰到书柜上了。我真替晓乐捏了一把汗。"

"'妈呀！'晓乐嘟囔了一句，转身朝讲台走去。晓乐伸着两只手摸索着前进，生怕自己再摔一跤。"

"这时同学们的表现是怎样的？"我适时提醒他们。

"我发现所有的同学都瞪大了眼睛，关注着晓乐。"

"有的同学甚至踩到了凳子上，嘴里还直喊：'晓乐，加油！'"

……

"晓乐终于走上了讲台，在黑板上画了一个鼻子，只是这鼻子画到九霄云外了。"

"晓乐摘下红领巾，自己也笑了。"

"同学们笑得更欢了，有的捧腹大笑，有的笑得趴在桌子上，我笑得肚子都有点疼了。"

……

"刚才同学们观察得很到位，说得也很好，咱们再叫两名同学上来画，希望同学们观察得更仔细些。"

接下来，我们又玩了两次，当然在某些细节上各有不同，孩子们玩得高兴，说得尽兴。

"刚才我们玩的这个游戏好玩吧？那我们写下来，让别人也来感受一下这个有意思的游戏，好吗？"

"好，我觉得我写出来，别人读了肯定觉得很有意思。"

"我在写的时候，要突出一下画鼻子同学的动作、神态、表情，特别是动作，会很有意思的。"

"我觉得台下同学的表现也得写一写，也很重要的。"

"是的，这个场面的描写也很关键。"我补充道。

"那就让我们动笔吧，当然，写其他的事情也可以。"

这次习作，孩子们一气呵成，没有了以前的磨磨蹭蹭，没有了以前的冥思苦想、绞尽脑汁也写不出几行的现象。这样的写作，孩子喜欢，我也喜欢。

在这几年中，我和学生一起玩过"顶拐""掰手腕""击鼓传花"等游戏，学生在这些活动中学会了观察，找到了写作的兴趣。

当然，学校和班级组织的其他的一些活动也为学生写作提供了非常好的素材，所以不管什么活动，我都会引导学生以积极的情感投入其中。

四、主题阅读，开阔思路

这里的阅读指的是与写的作文有关的主题性阅读。可以是与作文有关的材料，也可以是优秀的范文，学生在这些阅读中既是积累素材的过程，也是有意识地学习一些写作技巧的过程。现在学生的阅读面比较广，除了手中的各类图书以外，网络成了最便捷的收集材料的手段。

在指导苏教版五年级下册第六组作文"写自己喜欢或崇拜的一个人"时，我提前安排的主题阅读如下：

（1）利用语文阅读课认真品读《彭德怀和他的大黑骡子》《大江保卫战》，体会人物描写的方法。

（2）利用早读时间阅读《2011年感动中国十大人物事迹及颁奖词》。

（3）收集自己崇拜的人物的事迹，进行阅读。

（4）阅读这类的作文不少于3篇，并摘录其中描写人物动作、神态、语言、心理等方面的语句。

阅读文本，初步感知人物描写的一般方法，丰富语言储备，重在积累语言材料，为学生的习作充分准备。同时阅读大量的材料，拓宽学生的作文思路。

做到如此精心的准备，还怕学生"没啥可写"吗？

写作指导：兴趣入手，关注"怎么写"

写作之前材料准备充分，解决学生"写什么"的问题，至于"怎样写"还需要在课堂上加以指点、引导。这就是在习作指导课上需要干的事情了。

一、整理材料，学会选材

写作是创造性的脑力劳动。正如叶圣陶先生所说："心有所思，情有所感，而后有所撰作。"作文必须先想清楚然后写。在教学中要重在引导思路，想清楚为什么要写，该怎么写，包括哪些要写，哪些不用写，哪些写在前，哪些写在后，等等。

在动笔之前学生准备了大量的写作材料，可是怎样对材料进行取舍，如何组织这些材料呢？这是老师和学生在讨论时需要解决的。当然对中高年级学生的要求也是不一样的。例如，在教学苏教版五年级下册"写自己喜欢或崇拜的一个人"时，为了帮助学生精心选材，我特意设计了这样一个环节。

为了帮助学生认识到写作之前选择事例很重要，我列举了王明同学在写这篇作文时遇到的难题来帮助同学们认识到选择事例要选择最具说服力和吸引力的。

师：王明同学在写这篇作文时，他决定写班上乐于助人的李强，他想到了李强同学的几个事例，不知道用哪个好，请你帮他参考一下，看看哪件事最有说服力。

① 他每天早上来到学校，总是主动把教室打扫干净。

② 有一次，他的同桌上课时呕吐，别的同学连忙掩住鼻子，他却马上给同桌递上了纸巾，接着拿着垃圾铲到操场铲来沙子把地上的污物盖起来，课后他又把污物清扫掉。

③ 早晨，他排队买面包，见一位残疾人拄着拐杖排在他后面，主动和残疾人换了个位置。

④ 星期天，他主动帮妈妈洗衣，做饭……

⑤ 在公共汽车上，他主动把座位让给了一位老奶奶。

通过学生交流，让学生认识到第二个事例最具说服力和吸引力，可以详细地写，第一、三、五个事例能反映出他助人为乐的品质，可以选取一两个来略写。

接下来就引导学生看看自己选择的材料是否具有说服力和吸引力。这样一来，学生对于自己收集到的材料就能进行合理的选择，并懂得了选择的材料是为表现这个人物品质服务的。

再如，在"写自己喜欢的一个地方"时，就应该引导学生写出这个地方最吸引人的特点，它最突出的特点是什么，不能眉毛胡子一把抓，什么也写不好。

二、结合例文，指导写法

学生在写之前也进行了主题阅读，这都是学生自己积累语言、积累表达的一个过程。在习作指导课上，老师还要针对每篇作文确定写作难点，然后选择合适的例文帮助学生突破。

1. 结合课文指导

课本中所选的文章都是优秀作品，在阅读教学过程中，本着"以读带写，读为写引路"的原则，充分发挥课文对写作的指导作用，让学生通过课文去初步感知应该怎样写，不应该怎样写。还是以"写自己喜欢或敬佩的一个人"为例：在感悟人物描写的方法时，出示本组学过的两篇课文片段。

（1）彭德怀率领红三军团负责殿后。他眼见战士们一个个因饥饿而昏倒在地，便把目光盯在自己的坐骑大黑骡子上。这匹从江西出发时就跟随彭德怀的大黑骡子，一路上又驮伤病员，又驮粮食和器材，每天它背上都堆得像小山似的。有时彭德怀抚摸着大黑骡子念叨着："你太辛苦了，连一点料都吃不上。"说着，就把自己的干粮分出一些，悄悄地塞进大黑骡子的嘴里，一直看着它吃完。

——选自《彭德怀和他的大黑骡子》

通过彭德怀的_____描写，表现了他_____。

（2）解放军某部四连连长黄晓文正扛着麻包在稀泥中奔跑，忽然觉得脚底一阵疼痛，抬脚一看，原来是一根铁钉扎了进去。团长见状，马上派人去找随队军医。黄晓文大声说："来不及了！"说着，一咬牙，猛地把铁钉一拔，一股鲜血涌了出来。黄晓文随即从身上扯下一缕布条，三下两下把脚捆了个结实，二话没说，转身扛起地上的麻包，又爬上了大堤……在那几十个难忘的日日夜夜，有多少这样感人的事迹啊！

——选自《大江保卫战》

这段细节描写，通过黄晓文的_____描写，表现了他_____。

2. 结合优秀例文指导

俗话说得好："熟读唐诗三百首，不会作诗也会吟。"讲的就是领悟和模仿。对于中年级的学生来说，模仿显得更为重要一些。而对于高年级的学生来说，则重在领悟。

在材料准备阶段，让学生阅读大量的材料，目的就是让学生从优秀作品中获取有益营养作为已有知识的补充，借以拓宽学生的视野，积累和丰富写作材料。同时，优秀例文对于学生来说，在写法上也是一种领悟、模仿的过程。对于优秀生来说，大可以只是领悟，而对于一部分悟性较慢的学生来说，确实能起到很好的模仿作用。

基于此，作为老师很有必要精心选择优秀的例文和学生一起进行阅读，并让学生在这些例文中得到启示，拓展思路。

三、口述作文，评析改进

口述作文指的是学生针对作文题目和作文要求而进行的即席发言。它既是作文指导的继续，又是学生写作文的基础。它对于培养学生的口头表达能力，进一步拓展作文思路有着重要的作用。所以说每次写作我都会安排学生口述这一环节，可以包括说文章的题目，说文章的主体部分，说说先写什么、再写什么、最后写什么等。形式可以是个人说，可以是小组选出代表说，老师也可以参与其中说，起到示范的作用。在学生口述的基础上，老师对学生做出简短点拨与评价，让其进行改进。

口述作文这一环节，既便于学生之间相互启发，互相学习，取长补短，又便于老师发现问题，现场指导；既利于开阔学生的视野，拓展学生的思路，又利于培养学生敏捷的思维能力和口头表达能力，进而为"初作"创造条件。

在习作指导环节，要时刻关注学生习作兴趣的培养。毕竟是小学生，我们对于孩子们的作文总是拔高要求。有时候指导得越细，反而会约束学生的思维。所以，在指导时我们要从"兴趣"入手，及时鼓励学生，帮助学生打开写作思路，给学生留下思考、想象的空间。

写作讲评：激赏为先，修改为轴，训练为重

我赞同管建刚老师的一个观点：习作讲评比习作指导更重要。仔细看过管老师的几节作文讲评课的实录，确实感觉受益匪浅。我认为习作讲评实际上就是对作文进行二次指导。在习作讲评课上，我注重佳作赏评，注重师生共改和自改，注重抓一个训练点进行有针对性的训练。

学生互评、互改结束后，我要把学生作文全部收上来，及时地快速通览学生作文及评改情况，并对评语中存在的问题做简要的修正，然后选出优秀的例文和有代表性的病文以备讲评时作为例子，在下次写作讲评课时进行全面的讲评。

一、激赏为先，在赏析的同时打开学生的思维

欣赏佳作，尤其是欣赏同龄孩子的佳作，可以更好地启迪学生的智慧。在赏读、聆听的过程中，使学生一方面可以学习小作者如何准确运用语言、怎样贴切地表达；另一方面又可以从小作者观察与思考问题的角度，得到一种学习和借鉴，再加上教师有针对性地对小作者见解中的独到之处进行点拨和评价，对每个学生的思维又是一个启迪的过程。学生会有意识地思考，自己的习作在这一方面或几方面的达成度，会促使学生急于再读和修改自己的习作，良好的修改习惯也逐步养成。

为了让更多的同学有这种自豪感、成就感，我扩大表扬的范围。一是表扬写得非常好和比较好的同学，把名字投影出来，让全班同学大声喊出他们的名字。二是选出写得最棒的作文，一般两篇。让作者亲自读自己的作文，让同学们来评一评。三是集中展示学生的一些精彩语句或段落，和学生一起品评、欣赏。介绍语句费时不多，可以让更多学生的精彩之处展示给大家。四是好的作文题目出示出来，让学生来谈谈自己看到这些作文题目，最愿意读哪一篇，为什么。这样一来，激赏的范围大大增加，相信在激赏的同时，也能打开学生的

思维，调动起学生修改自己作文的强烈欲望。

二、修改为轴，重视培养学生的修改能力

在初评习作时，总会发现本次习作中存在的比较突出的共性问题，在佳作欣赏时，我会有意识地给予引导和点拨，以提示学生关注。佳作欣赏后，我会有针对性地选择一篇"问题习作"和大家共同评改，谓之"病例门诊"。与先前欣赏的习作相比，此篇习作的问题显而易见。此时发挥集体的智慧，你一言我一语，七嘴八舌共同评改，从用词上给予删换，从内容上给予丰富，在表达方式上提出建议，使一篇成功习作跃然纸上。此时，所有学生再次阅读修改后的习作，除了欣赏之外，更多的是修改"病文"后的成就感，是走出"病例门诊"自觉修改自己习作的使命感，与此同时，学生亦初步领悟到了简单的修改习作的方法与乐趣。

例如，我和三年级学生一起修改《自由的一天》：

有一天，我妹妹到我家吃饭。我和妹妹吃完饭，我先开电视，我和我妹妹就坐在沙发上看电视，过了一会儿我和我妹妹不想看电视了，我就叫我爸爸给我们俩开电脑，他开了电脑以后，我和我妹妹先玩小游戏，玩完了已经8点了，到9点我妹妹就回家，还有半小时的时间，我们一人吃两个雪糕，我就回家了。

这篇习作存在的问题也是班内孩子习作中存在的共性问题：有的语句不够通顺，标点有的不很恰当，最重要的是把自己干了什么写了出来，却没有把其中印象深的一件事交代清楚，让人读了之后只感觉比流水账还流水账，没有一点意思。

出示这篇习作之后，先引导学生进行评价，主要从语句、标点及读了之后的一些感想评价这篇习作存在什么问题，"如果让你进行修改，你会怎样进行修改"，直到把这篇习作修改好为止。

上课的过程中，我出示学生写的那段话之后，领着学生一起来评改，结果在几个好学生的引领下，标点正确了，语句通顺了。学生修改的习作如下：

有一天，妹妹到我家吃饭。我们吃完饭，打开电视，就坐在沙发上津津有味地看了起来。过了一会儿，我们不想看电视了，我就叫爸爸给我们开电脑。开了电脑以后，我和妹妹先玩小游戏，玩完了已经8点了。9点我妹妹就要回家，还有半小时的时间，我们一人吃两只雪糕，我妹妹就回家了。

考虑到学生的修改水平，在学生充分修改的基础上，最后出示我提前修改好的，如下：

快乐的一天

今天，妹妹说要到我家来玩，我高兴得一蹦三尺高，因为好长时间没有见到妹妹了，今天终于可以好好地和妹妹玩一玩了。

我们吃完可口的饭菜后，便打开了电视，啊，少儿频道正在演我喜爱看的《喜羊羊和灰太狼》呢！我们坐在沙发上津津有味地看了起来，真是太有趣了，屋子里不时传出我们欢乐的笑声。

看完电视，我和妹妹便到院子里玩起了捉迷藏的游戏，我藏，她捉。我先藏在我家院门口的一个过道里，妹妹怎么也找不到我，正暗自得意的时候，我听到妹妹的脚步声了，吓得我一声也不敢出。只听妹妹在那儿嘟囔着："在哪儿呢？姐姐藏在哪儿呢？"不一会儿，她的脚步声离我越来越远了，我怕她着急，便喊了一声："我在这儿呢，快来找我呀！"妹妹循着我的声音找到我了，哈哈，真有趣！

今天，我们玩得真快乐！

在让学生读了这篇之后再谈谈自己的感想，"说说两篇习作你喜欢哪一篇，为什么？"在领着学生评议、修改之后再来评改自己的习作，看看效果如何。

很多时候，我引导学生对一些有问题的语句进行修改，比如在三年级下册"写自己喜欢的一个人"习作讲评时，我把学生作文中一些有问题的语句出示出来，师生共改：

（1）我有一个哥哥，你们知道"张叶子"是谁吗？他就是我的哥哥张子烨。

（2）姑姑说："快点写作业。哥哥说：一会儿就写，一会儿就写。"

（3）爸爸慢慢地趄在床上，像睡着了是的。

（4）我的同学李佳慧有一双大眼睛，高高的鼻梁，还扎着两个小辫，非常可爱！（你认为他写清李佳慧的外貌了吗？请你帮我写得具体些。）

在师生共同修改的基础上，让学生学会修改方法，为修改自己的作文做好铺垫。

在学生共同体验了修改习作的愉悦并领悟了修改方法之后，抓住契机引导学生修改自己的习作才是最终目的。欣赏了同龄孩子的佳作，此时再读自己的习作，学生定会站在一个新的高度、从一个新的视角去审视自己的习作。一读使文通字顺，二读修改、充实内容……无论是中年级还是高年级，学生习作共性的问题大都是表达欠具体、欠生动。如何丰富？回顾佳作欣赏时教师的点拨，运用赏评、共改时习得的方法，再反复诵读、评改自己的习作，必要时和同学切磋，请老师指点，相信同学们会改得更好。当然，在课上给学生一定的修改时间也是非常重要的，不要指望他们在课下自己去修改。

三、训练为重，让作文讲评更有实效

教材的八篇习作训练安排是按照一定的梯度和层次有机组合而成的训练序列，体现了习作课程本身的逻辑体系和学生智能发展的规律。因此每次习作时，我都根据训练重点指导学生训练。同样，作文的评改也不能字词句篇面面俱到，而要紧紧围绕本次习作的训练重点组织学生评议，加强评议的针对性和集中性，使学生一步一个台阶，循序渐进，切实提高写作能力。

例如，苏教版五年级下册第六单元作文"写自己喜欢或崇拜的一个人"讲评时，我把讲评的重点放在是否把事情写具体上。而在三年级"写自己喜欢的一个人"时，根据学生的特点和课标的要求，则把重点放在是否写清人物的外貌、性格和特点上，同时兼顾学生三年级的水平，把一些语句的训练也作为讲评的重点。也就是说，训练的重点要根据学生的特点、作文的要求、学生的作文情况来定。

在借鉴其他老师优秀经验的基础上，我探索出了适合我班学生的评改课教学模式：榜上有名—佳作亮相—片段欣赏—出谋划策—精益求精—总结激励。这几个环节的设计既是对学生作文评改的过程，同时也是欣赏、学习的过程。

1. 榜上有名

这一环节旨在表扬写得很好和比较好的同学。每次习作都会有大部分同学的习作写得很棒或是过关，在老师简单总结本次习作的基础上，来表扬这部分同学，让他们体验到成功的快乐。

2. 佳作亮相

这一环节请写得优秀的同学朗读自己的习作，其他同学认真听、认真评，看看这些同学的习作有哪些值得学习的地方。当然，还可以出示本次习作的习作要求，作为评价标准，旨在让学生明白什么样的作文是优秀的，自己的作文与优秀的作文有哪些差距。

3. 片段欣赏

佳作并非每个人都有，也不可能让多个学生朗读自己的习作。但是轻轻推开"片段欣赏"这扇窗，我们惊喜地发现，精彩的片段和语句就像散落在草丛中的野花一样，散发着迷人的芳香。这一环节就是通过小组内欣赏好词、佳句、好段，让更多的学生参与到习作评改中来，也是让更多的学生体验到成就感。

4. 出谋划策

这一环节是针对作文中出现的通病进行修改。可以是内容方面的、字词方面的、语句标点方面的等。根据每次作文的具体情况具体操作。

在师生共同修改的基础上，让学生学会修改方法，为修改自己的作文做好铺垫。

5. 精益求精

这一环节旨在让学生用刚才学到的方法结合优秀作文和片段带来的启示，来修改自己的习作，使自己的文章锦上添花。

在自己改好以后，先小组内交流：说清习作原来是怎么写的，现在改成了什么，为什么这样修改。然后全班交流。

6. 总结激励

这一环节是针对学生在这堂课上的表现做个简单的总结，同时激励学生写出更好的作文。

整个教学过程分为六大环节。其中前三个环节主要是通过欣赏让学生懂得怎样的一篇作文是优秀的作文。同时，为了体现生本理念，在作文评改课上我给学生做了前置性提纲，这样一来，课堂容量大大增加。当然，这六个环节可以作为两课时来完成，让学生修改作文的时间再增加一些。至于"欣赏"和"修改"哪个重要，我觉得很难把它们割裂开来，我们的目的其实只有一个，不管是欣赏还是修改，都要以兴趣为主，都是对学生的作文进行再指导。

让作文评改开放起来

针对作文教学中普遍存在的"教师认真批，学生随便看"的现象，我校对作文批改进行改革已经两年有余。我们变"替学生评改作文"为"指导学生评改作文"，通过教师指导，让学生自评、互评，在自评、互评的过程中，使学生开阔视野，提高写作能力，培养团结协作的精神。此举也大大减轻了老师的负担，让老师从繁重的作文批改中解脱出来。开始教学生评改时，也是颇费精力的，如何指导学生来评改作文呢？

一、示范改，教给学生评改方法

刚开始时，我和学生一起批改作文。开始先通读一遍作文，看是否符合本次习作要求。接下来第二遍开始从字、词、句、段、标点等方面来仔细斟酌，并及时地圈画。圈画什么呢？根据自己的经验，我确定为：好词佳句，用波浪线标示出来；错别字、错标点、不通顺的语句用修改符号标示出来；段落如果不具体，提出修改性的建议。再读第三遍，从总体上来进行评价，写总评。

1. 教给学生一套修改符号

从二年级开始，我就给学生渗透各种修改符号，让学生知道这些符号代表的是什么意思。在三年级，老师批阅作文的时候，就用这些修改符号和学生进行对话了。增，是增补必要的词、句；删，是去掉与作文表达的内容无关的词、句；调，是调换词、句、段的位置，使它更通顺、更有表现力；理，是理通搭配不当的词组和表意不明的句子；订，是订正错别字和用错的标点符号。见的次数多了，学生也就会用这些修改符号了。

2. 反复朗读，评改结合

评改作文包括"评"和"改"两个方面，"评"是"改"的前提，"评"包括阅读文章，评价文章，只有评得出才能改得好。两者必须有机结合。在这里，"朗读"是改好作文的有效方法。因为小学生的内部言语能力尚未得到充分发展，他们需要依赖于朗读中发出的声音来支持自己的思考活动，所以默读不易发现文章词句上的毛病，而通过朗读，可以"请耳朵做教员"，容易发现拗口的和有问题的词句，从而考虑修改。

一读文章，评改作文是否符合本次作文要求。

二读文章，评改条理是否清楚，言之有序。包括整篇文章的段落层次是否按照预先拟定的提纲写的，文章前后的脉络是否清楚。

三读文章，评改详略是否得当，重点段落是否写具体。要求学生多问几个"为什么""怎么样"。

四读文章，评改字、词、句、标点是否用得正确。漏字的要添上，不妥的句子要改妥，不完整的句子要补充完整，不通顺、流畅的句子要改通，语言累赘、意思重复的要毫不可惜地删去，不正确的标点符号要修改正确。

值得注意的是，在指导学生自我评改的过程中，要充分体现教师的主导作用。每次评改前，我都会指出本次评改中的重点，使学生改有方向，改有依据。学生习作上交后，教师对每篇文章仍需要仔细评阅，对学生自改中出现的一些弊端必须在讲评课中做出正确的引导、点拨，使学生扬长避短。

二、帮扶带，激发每个学生的评改兴趣

老师示范指导之后，加上平时的作文指导课上的引导，聪明的孩子一点就通，于是我把一部分作文分给小组，由小组长领着其他组员一起批改，在批改的过程中，老师再进行适当的指导。这样几次之后，再让小组长指导其他组员来批改作文。如此一来，学生也就慢慢上路了。

记得第一次让学生互评作文的时候，学生感到很神秘，有的同学甚至不敢在其他同学的作文本上写字。我及时地鼓励他们："给别人评改作文，也是检验你对本次作文的理解程度，看看谁评得好，老师要表扬，还给你个人在评价栏里加分。"这样，学生的态度都非常端正，但是有的同学能力还是有限，所以把一个小组作为一个整体，评改完的同学要帮助慢的同学。有时组际也互相帮助。

开始的时候，学生互评一篇作文用一节课的时间，随着能力的提高，效率也提高了，于是我提议让小组内的同学再对作文进行二次评改，就是阅过的作文再让第二个同学看一遍，有什么建议、想法可以再写在第一个同学批阅的下面。

对于学生评改的情况我注意及时反馈、及时评价，对于写得好的总评在班上让他们读一读，同时在习作讲评课上对学生的评改情况也进行关注。其目的

就是激发学生互评的兴趣，让其在互评、互改中得到更多。

三、写旁批，意在交流、欣赏，提建议

虽然说学生已经大体知道怎样来批改了，但是在批改质量上还不够好，许多学生不知道怎样写旁批，于是我又结合例文手把手地进行指导。

第一种是肯定欣赏式的旁批。这样的旁批目的是激发学生写作的兴趣，如"此处的动作描写太精彩了，好！""这个句子承上启下，过渡非常自然。""开头方式非常独特，富有创造性，给人耳目一新的感觉，真好！""结尾耐人寻味，棒极了！""比喻太美了，你的想象真丰富！"等。

第二种是针对式的旁批。这样的旁批意在指导学生能在看到对方优点的同时，也能看出作文存在的不足，并提出修改建议。如"这里你的语言比较生动，如果在叙述上再有条理一些，就更好了。""这段和上段过渡不够自然，你能加上个过渡句吗？"等。

第三种是交流式的旁批。对于学生存在的比较明显的错误，通过笔下的交流使学生自己改过来。如"引号用得不合适呀，试着自己改一下。""这一段我没有看明白，自己改一下。"等。

四、写总评，注重鼓励和点拨

开始写总评的时候，我指导学生先复习、回顾本次作文的习作要求，然后让学生根据习作要求来写总评，至于常规性的要求如书写、标点等简单一说即可，同时给予学生激励性的语言来鼓励一下。

经过一段时间的训练，大部分学生都能完成批改任务，但是在质量上存在很大的差别。相信这样的批改也能极大地提高学生的习作能力。

如何给一篇作文写评语，我给学生提出以下几点要求。

（1）褒贬适度，注重鼓励性，慎用"不"字，以鼓励为主。

（2）评语要有亲切感，少下断语，多些探讨。

（3）评语要善于点拨，富有启发性，不求全面，突出重点。

通过一个学期的训练，感觉到班内孩子还是非常有灵性的。现在节选几名同学写的评语。

石雨晴同学：

张子烨同学，你的这篇作文写的是《复制之战》，写出了小智和神奇宝贝的深厚友谊，还写出了小智他们是怎样掉进实验里以及神奇宝贝是怎么把变成石人的小智变回原样。你创作的这个故事非常有新意，想象力也非常丰富。如

果你的书写再认真点儿的话，你的作文会更美的！加油啊！

张子烨同学，你的作文《感人的家燕》符合本次作文要求，内容具体，能够结合图画进行大胆的想象。不过，你的这篇作文应该注意一下里面的一些提示语，如果提示语再丰富一些的话，你的作文就会更棒的！希望你能多读课外书，争取写出更好的作文。

刘颖达同学：

李佳慧同学，你的作文《感人的一幕》符合本次作文要求，内容具体，在想象方面可以再丰富一些。结尾让人感觉没写完，如果可以追加一些内容的话，会使你的作文更加生动、完整，在家燕的神态方面可以描写得再具体一些，其他方面不错，加油！

张择铭同学：

王丽娟同学，你的作文《燕情》语句通顺，标点正确，符合本次作文要求，内容具体，错别字比以前少了，只是好词佳句还是不多，致使作文语言不够丰富。字迹不够工整，乱画的地方比较多。希望你能多读书，写出更好的作文。

成一凤同学：

李雯钰同学，你的这篇习作写的是《神奇的布娃娃》，书写认真，语句通顺，标点正确，好词佳句也很多。只是值得注意的是，在写人物时，要先写出人物的样子和衣着，希望你以后注意这一点，加油，相信你是最棒的！

张瑞雪同学：

李泽旭同学，你的这篇习作通过对成龙、老爹、小龙的描写，写了《成龙历险记》的新面貌。可是在这篇习作中，我没有看到"老爹"，我想问一下，开头提到他，而后来在文中为什么没有出现呢？而且，这篇习作你没有很好地发挥出你的想象力，只是比电视上多加了几个人物而已。个别标点使用不够准确，个别语句不够通顺，特别是有些语句啰唆，请认真修改一下。

李泽旭同学，你的这篇《家燕情》符合本次习作要求，但是内容不够具体，不能够结合图画进行大胆的想象。个别语句不够通顺，标点使用不够正确，书写也不够正确，在这一点还真"佩服"你，如第五自然段的"它只好"的"只"你竟然写成了"指"，第六自然段的"它终于"的"终"你竟然写成了"钟"，第六自然段里的"它心想"的"心"你在写的时候变成了一个"人"加上两个点。像这样的错别字，在你的作文中还有很多，我就不一一写了。希望你以后写作文时，多多查字典，做到书写认真，书写正确，语句通顺。加油！

学生评改完之后，我再收作文，针对本次作文出现的共性问题进行讲评。

教学实践：写作在真实情境中自然发生

发掘课例精髓，建构习作支架

——五年级下"形形色色的人"习作教学

一、教材分析

写人类型的习作，在小学语文习作教学中扮演着重要角色。本次习作"把一个人的特点写具体"，是部编教材小学阶段最后一次写人习作。侧重训练学生运用描写人物的基本方法，尝试用典型的事例把人物的特点写具体。提炼本次习作训练要求，主要有三点："选典型事例""运用动作、神态、语言、心理描写""周围人的反应"。由此可见，写人习作比较高的层次是综合运用小学阶段掌握的写人方法。

课例是培养听、说、读、写能力，提升语文素养的抓手。本单元精选的课例《人物描写一组》《刷子李》是经典之作，传承中华传统文化的精髓，习作例文《我的朋友容容》《小守门员和他的观众们》体现了与时俱进的特点。工具性与人文性的统一，是语文课程的基本特点。习作单元的课例，要充分发挥语文课程的工具性作用。

二、教学目标

1. 学习课例中写人物特点的方法：选择典型事例，描写动作、语言、神态、心理、外貌等，关注周围人的反应，并初步将写人的方法运用到自己的习作中。

2. 学习互相帮助、互相欣赏。

三、教学准备

1. "初试身手"，试写本次习作。

2. 多媒体课件。

四、教学过程

环节一：整体回顾课例，了解习作方向

（1）默读习作要求，提炼重点词语（课件出示）。

类型要求：写人、特点、具体。

方法要求："运用动作、神态、语言、心理描写""选典型事例""周围人的反应"。

（2）梳理课例，了解特点。

本组课文刻画了许多个性鲜明的人物，谁给你留下的印象最深刻？为什么？（学生自由发言）

他们的某个方面与众不同，这就是属于他们独有的特点。

（3）作者是怎样让小嘎子、骆驼祥子、严监生、刷子李的形象跃然于读者眼前的？（交流讨论后，出示多媒体课件）

人物	特点	典型事例	描写方法
小嘎子	机智顽皮、有心机	比赛摔跤	动作、语言、心理
骆驼祥子	身体强健	倒立半天，像一棵树	外貌
严监生	吝啬、爱财如命	临死前惦记两茎灯草	动作、语言、神态
刷子李	技艺高超	刷子李刷墙，曹小三学艺	动作、语言、周围人的反应

小结：对呀，小嘎子、骆驼祥子、严监生、刷子李，每一个人物的特点都是通过典型事例，运用动作、语言、心理、外貌以及周围人的反应描写方法呈现的。

设计意图：这一环节是站在高处，纵向分类整理习作单元的所有课例与本次习作要求的对应关系。整理的过程也是消化习作要求的过程。

环节二：勾勒框架，选取典型事例

（1）通过课前的"初试身手"，我们对本次习作进行了试写。请看这个题目——"爱'臭美'的老妈"，不难发现，这位同学准确抓住了人物特点，美中不足的是，在选取典型事例方面还有所欠缺。

（2）例文中典型事例的选取。

谈一谈：课文《描写人物一组》中的《两茎灯草》，想想作者选取事例表现人物特点的绝妙之处。

小结：常言道"人之将死其言也善"，两茎灯草成为将死的严监生唯一牵挂，这是何等的不寻常！刻画吝啬的严监生，还有比这件事更典型的吗？

（3）受到启发后，请帮忙为"爱'臭美'的老妈"选取典型事例。

小组交流。

（4）班内交流。教师相机出示课件。

这么多事例，哪一件最典型？

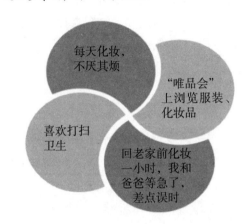

设计意图："选取典型事例表现人物特点"是本次习作的要求之一，也是部编教材小学阶段写人习作的最高要求。什么是"典型"？习作单元的课例，都是学习的典型。这一环节回顾单元课文，是在学习课文基础上的提升，引发思考，启迪思维，用于习作。

环节三：细节描写，运用合适方法

（1）过渡

确定选用表现人物特点的典型事例后，接下来我们要做的便是选择最合适的表达方法。

（2）人物描写

① 表现妈妈爱臭美，需要对妈妈哪些方面细致描写？（外貌、化妆时的动作）怎样才能把动作描写具体？出示课件《小守门员和他的观众们》片段。

环节三：选用方法

2. 妈妈化妆，用什么方法表现最合适？（动作、外貌）

（外貌描写）

看那个留平头的小守门员，他身着深蓝色的运动衣，浅蓝色的短裤，脚穿运动鞋，戴着手套。只见他（分腿）（弯腰），上身前倾，目光警惕地（注视）着前方，膝盖磕破了也毫不在意，真像个专业的足球守门员！他想着自己可千万不能大意，绝不让对手冲破最后一道防线。 动作描写

——习作例文《小守门员和他的观众们》

② 小结：想要动作描写细致，最好的方法是用"慢镜头"，将动作分解，用自己的笔表达。

（3）周围人的反应

① 如果只写妈妈化妆的动作、神态、外貌，似乎有些欠缺，不足以表现爱臭美的特点，怎么办呢？《小守门员和他的观众们》一文，告诉了我们一个好办法——描写周围人的反应。课件出示第3自然段。

② 你从哪些词语读出"比赛进入白热化阶段"？（探着身子、索性站了起来、全神贯注地注视）

假如把这段话删除，文章会发生什么变化？（学生自由表达观点）

③ 小守门员的尽职尽责，表现比赛紧张；观众的反应，更突出"比赛进入白热化阶段"。用这一方法，效果更出人意料。同样，《刷子李》一文通过曹小三的反应，表现刷子李的技艺高超。

（4）对比

① 继续引导：如果用《刷子李》的方法写"爱'臭美'的老妈"，你会写谁的反应？

交流明确：妈妈身边的人——"我"和爸爸。

② 你的妈妈化妆吗？谈谈你的感受。

③ "我"和爸爸对妈妈化妆误事的态度是一样的，文章就会变得寡淡无味。在读《两茎灯草》时，细心的同学注意到这样一个细节：严监生伸着的两根手指让不同的人有着不同猜想，他的表现也不相同（出示课件）。

大侄子	二侄子	奶妈	赵氏
两个亲人不曾见面	还有两笔银子在那里	两位舅爷不在跟前	两茎灯草，费油
把头摇了两三摇	两眼睁的的溜圆，把头又狠狠摇了几摇	把眼闭着摇头	点一点头，登时就没了气

鲜明的对比

询问的对象是"人"，他的表现是闭眼摇头；当他的侄子猜测是不是还有"银两"时，他的反应明显不同于前面，立刻把眼睛瞪起来。鲜明的对比，让我们从中读出他对金钱的敏感，吝啬鬼形象就这样让人更加难忘。

④ 写"我"和爸爸对待妈妈化妆这件事的态度，你有什么新的打算？（学习运用对比的方法，写不同人的反应）

我们可以通过动作、心理活动，侧重描写"我"等待的焦急；通过爸爸不紧不慢地吸烟的动作、神清气闲的神态，侧重表现他的习以为常，在对比中坐实妈妈爱臭美这一形象特点。

设计意图：有针对性选择例文的三个片段，从人物描写具体、如何写周围人的反应、对比方法的运用等不同角度给学生示范，结合学生课前"初试身手"的情况，提取最关键的信息，用可视化的方式呈现在学生面前，明确习作要求的落脚点，对学生的习作起到画龙点睛的作用。

环节四：拓展内容，尝试运用习作

（1）拿出自己的试写习作，列出修改完善的内容。

（2）小组成员相互帮助，从选择典型事例、关注人物描写方法和周围人的反应三个方面，给同伴的试写习作提出建设性建议。

设计意图：无论是自我修改还是同伴之间的交流互助，都是把课堂的学习拓展延伸至自己的习作和同伴的习作之中，是积累运用的具体化。

（此文2021年5月发表于《小学教学设计》，作者：王爱华，王芳）

我教学生修改作文

一、词句篇

"能具体明确、文从字顺地表达自己的见闻、体验和想法"是课标对小学生作文的要求。到了四年级，仍有许多同学的作文在语句方面存在很多问题。结合第六组习作《二十年后回故乡》的评改，在"学习修改习作中有明显错误的词句"方面进行了具体的指导。

1. 欣赏佳句

在欣赏完两名同学的作文之后，我找了一部分佳句与同学们一起赏析。

眼看春节快要到了，我乘坐着我的飞船"炫炫号"来到了高青。——尹怡炫

这句话中飞船的名称"炫炫号"取自自己名字中的一个字，很有创意，值得一赞。

呀，我一蹬脚，竟然飞了起来，原来是小区安置了反重力装置，只要买一个臂章，就可以随时控制体重和重力。——张瑞翔

这句话想象丰富，并把科学知识融入其中，正如《海底两万里》的作者一样，以科学为依据大胆地想象。

看着眼前流光溢彩的城市，我惊叹不已。放眼望去，一幢幢高楼拔地而起，掩映在重重的绿树中。——李全锐

这句话用上了"流光溢彩""惊叹不已""拔地而起"等好词，使句子更加生动。同学们就应该尝试在习作中运用自己平时积累的语言材料，特别是有新鲜感的词句。

我一下车，环视四周：啊，家乡的山变得葱翠了；家乡的水变得清澈了；家乡的花草变得更加芳香四溢了……——李甜硕

这句话运用排比的修辞手法写出了家乡的变化。语句中运用合适的修辞方法能使句子更美、更生动。

2. 出谋划策

那么下面的语句有什么问题，怎样来修改呢？

妈妈告诉我，我要去我的朋友家去。

这句话明显语句不通，"方言病"被带入作文中。这也是一部分同学在习作中存在的问题，怎样修改？去掉后面的"去"即可，改成了：

妈妈告诉我，我要去我的朋友家。

我看见桌子什么的，书包，文具都没有，教室内空空如也，桌子上就一台平板电脑。

这是明显的"语句啰唆病"。这一句引导学生修改时费时较多。这句话小作者想要表达一个什么意思呢？就是想说明教室内的变化，桌子上就一台平板电脑，其余什么都没有。那怎样表达清楚这个意思呢？在大家的共同努力下，改成了：

除了一台平板电脑，桌子上什么都没有。

通过这一句的修改让学生明白，语句一定要简洁、干净，不要拖泥带水。

俗话说："独在异乡为异客，每逢佳节倍思亲。"二十年后的故乡，我想回去看看。我正坐着飞机回去看二十年后的故乡。

"语言思维混乱"也是平时孩子们写作中经常出现的问题。正如上句中小作者想要表达的是过节了，思念故乡，于是就坐着飞机回故乡，可是句子却让人感觉混乱。引导孩子们修改如下：

"独在异乡为异客，每逢佳节倍思亲。"中秋节到了，我乘坐飞机回去看故乡。

"废话病"是抓不住作文主题的孩子的通病，下句中标点太少，所描述的景象与整篇作文所表达的主题"二十年后回故乡"明显不符。

我正在回故乡的路上，机场都有机器人了是帮忙看守的在飞机上的时候我看见美国的大路上都有一对夫妇睡在床上来上班，我在英国工作时也有同样景象。

3. 精益求精

根据刚才学到的方法结合优秀作文和片段带给我们的启示，来修改自己的习作，使自己的作文锦上添花。

具体指导后，发现孩子们再来修改自己的习作不再那么浮躁了，能静静地读每一个句子并进行仔细斟酌，这是这堂课成功的一个表现吧。

二、标点篇

1. 存在的问题

批阅学生的作文，发现孩子们在标点方面存在的问题还是不少的。

（1）标点符号占每行第一格。

（2）一大段就一个句号，其余全是逗号。

（3）乱点标点，不知如何停顿。

（4）冒号、引号的用法混乱。

这方面存在的问题又可以分为如下几种。

（1）不会使用冒号、引号。

（2）引号的用法不规范，特别是说完话之后的标点和后引号的写法。

（3）提示语在不同位置时，标点符号的用法仍有不少孩子迷糊。

2. 矫正措施

（1）回顾学习过的标点符号及其用法。

我们学习过的标点符号有哪些呢？

"，" "。" "？" "！" "：" "；" "……" "——" "《 》"等。

引导学生说说这些标点符号的用法并想想书写时需要注意些什么？

强调：一般情况下，标点符号是不写在每一行第一格的。但也有例外，让学生看看课本上有哪些标点可以在第一格？（前引号、破折号、省略号）

（2）修改标点，体会用法。

将学生作文中的标点用得不够准确的句子呈现出来，让同学们分析并修改。

①每当，放学，天空上飘着，黑黑的乌云，我就想起您和我打着一把雨伞的情景。

这句话很明显是乱加标点，引导学生明白，书面语言和平时的口头语言是有关联的，平时说话怎么停顿，写出来的作文也要怎么停顿，不能乱加标点。

② 走进大门，首先映入眼帘的就是飘扬的五星红旗，五星红旗是那么鲜艳，升旗的时候一千或是二千人聚集到这里一定不会觉得拥挤，往前走进入大厅，再往前，就是楼间广场了，这里是一、二年级小同学做操的地方，周围有四五棵树，两边的宣传栏上贴满了同学们的作品，图画色彩明丽，非常好看。

这是部分孩子到现在仍然存在的问题：一段话中只有最后是一个句号，其余全是逗号。出示这段话，让同学们读读，看应该怎样来修改标点。

③ 妈妈说："你现在就给我关上电视"

我说："我就不关上"

这两句话存在的问题是说完一句话不加标点，直接后引号完事了。

④"这可怎么做饭呀，连个锅都没有，"我大叫道。

这句话是话说完了，仍用了逗号。

⑤"您可以治小木偶的病吗"？

"？"和后引号的顺序问题，是部分孩子存在的问题。

⑥ 我说我才不去呢，你们怎么都欺负我呀？

班内还有三四名同学不会使用冒号、引号。

（3）欣赏标点用得好的同学的习作片段。

"哎，贝贝，我抓住了好大一条鱼呢！可我拉不上来，你可以帮帮我吗？"卡卡叫道。

"好的。"

他们俩费了九牛二虎之力才把大鱼拉上来。

"哎，你们不要吃我，我是北极雪山的守护精灵，是被黑虎塔上的巫女用法术变成了一条大鱼，如果北极没有我就不会再下雪了，甚至会像南方一样，天天都是炎热的夏天，到那时候，北极熊等动物就都会灭绝的。"精灵喊道。

"那我们怎么帮你呢？"

部分孩子的对话描写已经非常出色了，提示语的用法、标点的运用都已经非常纯熟了。

读一读自己的作文，看一看标点符号用得是否恰当？然后以小组为单位互相读一读，评一评，改一改。

从标点入手评改作文

——第二组习作评改

周四，学生写了第二组作文，我发现问题多多，真不知从何入手去进行评改。作文评改时重点训练哪个方面呢？看着孩子们的作文，我陷入了沉思：作文评改不能再面面俱到，要学习管建刚老师的一些做法，一节作文讲评课要从一个技能训练入手，扎实训练，让学生每节作文讲评课都能学有所获。那么这节课还是从基本的标点开始吧。许多同学在标点符号方面都存在很多问题。

我翻开一本本日记本，找出孩子们标点存在的问题：

首先，我要对您说声谢谢是您把我哺育长大。

爸爸不要再喝啤酒了啤酒对身体不好有一天有人给我家做活我爸爸和他们吃饭喝了2包啤酒了我说爸爸不要喝了你再喝对身体不好。

这是部分孩子存在的通病：不加标点，不知句子该如何停顿。

妈妈说："可以"，我又说："太好了"，我们去买吧，好的。

我说"妈妈前几天您不是买过了吗？怎么还要买呢？我不去了。"妈妈说：好吧。你不去，我就去吧。

我对爸爸说："爸爸我饿了。爸爸说："我去给您买饭吃。

上面三个句子标点存在的问题主要是冒号、引号的用法不当，虽然知道在什么情况下用，但是写法不正确。第一个句子中，后引号的位置不对；第二个句子中前半句没有冒号，后半句没有引号；第三个句子是引号不知道怎么写。还有的同学只知道用冒号，而不知道用引号。如下面两句：

我赶快给妈妈打电话，说：妈妈，您快点儿买，就要下雨了。

那个人说：我也要喝酒

结合上面的句子和学生进行评改之后，我又出示了书上的句子，重点是带有冒号、引号的句子，进行赏读，请同学们仔细观察句子中的标点符号是如何使用的。

母亲安慰我说："不要烦恼，你父亲正面临着一个道德难题。""难道我们中彩得汽车是不道德的吗？"我迷惑不解地问。

"我留在村子里，"第三个孩子说，"也许我在这里就会弄明白幸福是什么。"

"你们知道这十年我做了些什么？"第一个青年说，"我们分手以后，我就到一个城市里去了，进了学校，学到了很多东西，现在是一个医生。"

结合这几个句子，让学生明白说话时提示语在前面、提示语在中间、提示语在后面时标点符号的变化。虽说这是三年级时就训练过的内容，但是结合学生的实际再进行此类训练是非常有必要的。

练习要体现出指导、实践、展示、讲评和跟进的完整过程。为此，我又出示了绘本故事《爱心树》中的几句话，让学生来练习加标点。

大树高兴地摇晃着肢体对孩子说来吧孩子爬到我的树干上在树枝上荡秋千你会很快活的

我已经大了不爱爬树玩了孩子说我想买些好玩儿的东西

我需要钱你能给我一点儿钱吗

我太老了不能再荡秋千了孩子说

学生自己加完标点、订正之后，再让孩子们读读自己的习作，看看自己的习作中的标点符号存在什么问题，好好修改一下。然后同桌互改。

经过这次专项训练，相信孩子们在标点符号的使用上会有所进步。

从学会欣赏开始

第八组的习作内容是写一个值得敬佩的人，由于学情估计不足，第一次指导学生写出来的作文满意度极差，于是第二次指导根据学生作文中出现的问题进行细化，从"题目""开头""中心句和过渡句"等方面引导学生在布局谋篇上做足文章。

作文交上来，我抱着满满的期待，或许是期望值太高，心仪的作文不是很多，如何来评改这次的作文呢？是不是自己的要求太高了？换个角度去看他们的作文，是不是会让自己更愉悦，让学生受益更多呢？对，从学会欣赏做起吧。

一、起个好题目

"挣钱女超人"妈妈	"体育能手"张欣雨
我们班的"幽默大王"	"跑步之神"董泽宇
"会计大人"老爸	吃苦耐劳的妈妈
作文小老师	家里的"知识果"
"数学大王"爸爸	坚强的老妈
我们班的"书呆子"	环保之星
我们班的"小书迷"	坚持不懈的老人
"大书法家"芦姝悦	坚强的"女汉子"
数学"小达人"	

指导学生给这篇作文起个好题目，浪费了不少时间，一些孩子甚至为了与众不同，起的题目令人啼笑皆非。出示这些还不错的题目，让学生欣赏，懂得可以根据"特点+人名"的方式来给这篇作文起题目。

二、写个好开头

"好的开头是作文成功的一半。"到了四年级，有意识地训练学生如何开头，是非常有必要的。先和学生欣赏一部分同学的开头。

　　我的妈妈有一头黄色的短发，散发着一股幽幽的清香，头发下是一双炯炯有神的眼睛、高挺的鼻子和一张能说会道的嘴巴。妈妈的脸上写满了沧桑，一道道皱纹有深有浅，让人看上去很不美，但这并不影响我敬佩她。　——李如一

　　她，皱纹已爬得满脸都是，手上因干活磨得厚厚的老茧，但每天还是乐呵呵的，这就是我敬佩的妈妈。　——董一帆

　　我的爸爸英姿勃发，一表人才，一张坏坏的笑脸，浓浓的眉毛泛起柔柔的涟漪，好像一直在笑，高高的鼻梁下有一张能言善辩的嘴。爸爸中等个，不胖，皮肤黝黑，一头乌黑油亮、短短的头发，一笑就露出洁白的牙齿。

——张喜堰

　　她，是一个白发苍苍的六十岁老人，可是却怀着一颗坚持不懈的心，什么事情都要做到最好，这位拥有活力的老人就是我的奶奶。　——杨鑫然

　　这几名同学的开头显然是以人物的外貌描写引出自己要写的敬佩的一个人，这也是班内现在大部分同学采用的开头方式。

　　再者，还有的同学采用开门见山式的开头。

　　要是说起让我敬佩的一个人，那这个位置就非他莫属了——一位和蔼可亲的清洁工。

　　我敬佩的人当然是我们中心路小学无人不知、无人不晓的能书善画的焦红刚老师了。

　　欣赏好的开头，让学生明白开头不要拖泥带水，要一下子把读者的眼球吸引住才好。

三、事例写具体

　　本次作文写自己敬佩的一个人，要想写得好，就必须把表现人物品质的事情写具体才行。怎样才能把事情写具体呢？结合本组学过的课文，学生知道要通过人物的语言、动作、神态等描写方法写出人物的品质，但是在写作的时候就不那么简单了，许多同学还是喜欢把一件事情笼统地概括出来。为此，和学生欣赏几个写得比较好的事例。

　　张欣雨是我班的体育高手。有一次，老师让练习前滚翻，抱腿坐。老师问："谁来示范一下？"大家都连连推荐张欣雨。张欣雨上去后，踩在垫子上，蹲下，双手按着两边，头一翻，骨碌一下，翻了过去。翻过去后还没忘抱腿。老师连连夸赞她，同学们也向她投去羡慕的眼光。　——程嘉懿

有一位男同学见"盲人"要抓住他了，一鼓劲儿跳到了讲台上，还朝他做了个鬼脸呢！这位男同学一兴奋，把讲台上放的花草给踢坏了。而且一个花盆还破了个大窟窿；另一盆直接被大卸八块了。我心想：呀，坏了！老师见这被大卸八块的花盆会不会和我们发脾气或让我们站墙角……这下全班都焦急了起来。正在我们烦恼的时候，忽然出现了王老师高跟鞋发出的"咚咚"声。大家慌乱地跑到座位上假装读书，眼睛还在注视着地上的花盆。王老师大吃一惊："呀，花盆！"王老师马上拿起扫把把地上的泥土扫干净，我们一个个紧张地看着王老师。"咳咳！"王老师发出更加令人紧张的咳嗽声。"老师是不是要说我们了？"我心里敲起了小鼓。"请大家拿出练字本、毛笔开始练字。"王老师像什么也没发生一样，开始给我们上课。　　　　　　——杨鑫然

在我们犯错时，王老师也会发脾气，批评我们。那天，小卢惹祸了，他故意把水浇到小梦的头上，弄得小梦像个落汤鸡。王老师见了，又气又急，一边用毛巾给小梦擦头发，一边生气地瞪着小卢，两只眼睛冒着怒火，像是要把小卢烧死。小卢吓得大气也不敢出一口，乖乖地给小梦道歉，并且发誓说再也不敢欺负别人了，王老师的脸上才露出了笑容。　　　　　　——张敏琦

在和学生欣赏这些事例的时候，帮助学生再一次感受写好事例必须要通过人物的动作、神态、语言等方面的细致描写。

四、结尾要用心

许多同学的作文草草结束，甚至有的孩子的作文没有结尾。和学生欣赏一部分结尾，引领他们领悟结尾的妙处。

这就是我可爱可敬的王老师，你看她双手捧着书向我们走来，大家欢呼雀跃，期待着这节语文课。

他，就是这样的一个人，乐于助人，正直、诚实，付出代价不图回报。

王老师真是一位好老师啊！真值得我敬佩啊！

这就是我们的王老师，一位可以宽容我们，谅解我们，愿意和我们一起成长的好老师。

许多时候，我感觉孩子们的作文中存在的问题真是太多了，有时甚至和自己生闷气。静心细想，这些问题不正是教学中好的课程资源吗？有效利用好这些资源，必定会促进师生共同成长。

绘本写作：绘本与作文的美丽邂逅

指向创意表达的小学语文绘本教学实践与研究

一、研究的缘起

写作作为语文教学的重要组成部分，一直受到语文研究者及语文教师的关注。《语文课程标准》中提出的写作的总体目标是："能具体明确、文从字顺地表达自己的见闻、体验和想法。能根据需要，运用常见的表达方式写作，发展书面语言运用能力。"《语文课程标准》中还指出："写作是运用语言文字进行表达和交流的重要方式，是认识世界、认识自我、创造性表述的过程。""在写作教学中，应注重培养学生观察、思考、表达和创造的能力。""为学生的自主写作提供有利条件和广阔空间，减少对学生写作的束缚，鼓励自由表达和有创意的表达。"[①]可以看出，在写作教学中要教会学生表达，要鼓励自由表达和有创意表达。

写作教学是语文教学中的老大难问题。表现在学生身上：一是无兴趣可言；二是没内容可写；三是不知如何表达；四是习作语言平淡。表现在教师身上，则是害怕教写作，不会教写作，甚至不教写作。

（一）学生层面

1. 学生习作兴趣缺乏

通过对本区域10个教学班435名学生的问卷调查和座谈访问发现，学生对作文喜爱程度的现状不容乐观，大多数学生对于写作文还是存在负面情绪，不愿意写作文，一说写作文就头疼。通过数据分析发现，40.5%的学生是为了完成

---

① 中华人民共和国教育部.义务教育语文课程标准（2011年版）［S］.北京：北京师范大学出版社，2012.

老师布置的作业，不想让老师找麻烦；31.9%的学生是为了应付考试，作文分数在试卷中的比例较高，因此觉得作文还是比较重要的；只有27.6%的学生喜欢写作，自愿借写作记录自己的生活、表达自己的情感。

2. 学生习作材料匮乏

大多数学生见到作文如"猛虎"，不知如何下笔，找不到相应的习作材料"下锅"，这也是学生不喜欢习作的主要原因。小学生年龄小，生活比较单一，大多数时候是学校、家庭一条线，如果不注意观察、不用心感受，找不到好的习作材料是很正常的，更谈不上典型的材料，因而缺失表达的创新性。

3. 学生不知如何去表达

有些学生的作文零散化、碎片化，不会运用积累的新鲜词句，不会构思，更不知如何去表达，而老师又强调字数要求，因此许多学生的作文就会出现凑字数的现象，因而缺失表达的连贯性。

4. 学生作文缺失表达的真实性

有些学生的作文语言平淡，且无真情实感；有些学生的作文是部分好词佳句的单纯堆砌；有些学生的作文甚至虚构情节，说假话、套话，缺失表达的真实性。

（二）教师层面

1. "填鸭式"指导

许多教师习作指导课利用课堂前半段时间一股脑儿地告诉学生怎么写、先写什么、再写什么、然后写什么、最后写什么，再给他们一些好词佳句让他们背诵下来，缺乏实质性的指导，缺少系统的言语表达训练指导。

2. "粗放式"指导

许多教师习作指导时就是引导学生审审题、读读范文，然后就让学生写。学生的思维能力、想象能力都得不到提高，出现雷同作文较多。

3. 重训练轻讲评

许多教师注重让学生进行写作训练，认为多读多写能提高学生的表达能力，但是评改的方式依旧陈旧、单一，大多是简单地、蜻蜓点水般地整体评价一番，不重视学生习作的讲评。以至于学生不知何为好的习作，更不知如何修改自己的作文。

为了化解习作上的难点，统编小学语文教材在编写上与以前版本的教材相比有了很大的改变。为了凸显习作的独立地位，三、四、五、六年级每册都安排了习作单元。为了解决学生写作难的问题，在习作的选材上也体现了生活化，指导上更加具体化，在读者意识、交际语境的创设方面有所体现，但仍不够明显。作为小学生，鉴于学生的年龄和心理特点，在写作中仍需要辅助系统，调动其写作兴趣，需要为其习作提供情境支架、范文支架、构思支架等，以真正教会学生写作。

二、核心概念

1. 绘本

绘本是一种独立的图书形式，它用图画与文字共同叙述一个完整的故事，是图文合奏的艺术。从文学角度来说，它有文学性、生活性、情趣性、教育性等特点；从美术角度来说，它有美术表达形式的多样性、物像形态的生动性、色彩鲜明的协调性等特点，是一种能与儿童这个接受主体产生积极的、有意义的互动效应的新兴读物。

2. 绘本教学

绘本教学是指以绘本为载体，深入挖掘其图画、文字、图文结合等的精髓，旨在唤起学生表达意愿的教学活动。

3. 创意表达

创，是创新，创造；意，是意识、观念、智慧、思维。创意，就是有创造性的想法、构思等。表达，是将思维的过程用语言等方式反映出来的一种行为。表达以交际、传播为目的，以物、事、情、理为内容，以语言为工具，以听者、读者为接收对象。表达是观察、记忆、思维、创造和阅读的综合运用。

创意表达就是学生在老师的引导下，利用绘本图画和语言的提示，运用想象、联想、思维等方法进行一系列认识，用口头语言和书面语言反映出来的活动。

三、指向创意表达的小学绘本教学探索与实践

（一）将绘本引入小学习作教学

一本优秀的绘本一般有以下几个特质：画面丰富，主题正能量，故事情节一气呵成，想象力十分丰富，包含一些深刻、隽永的道理。绘本的图画具有画面感、空间感，充满童趣，引人入胜，更能打开学生想象的匣子，激发学生的表达欲望；绘本的情境和学生日常的学习生活最贴合，更能产生情感的共鸣，让学生有感而发，转而用文字来表达，解决了学生不想写的问题；绘本的语言简洁又不失韵律感，能带给学生丰富的语言体验，促进他们想象力和理解力的发展，体验语言蕴含的乐趣和愉悦，给他们带去无限创造的可能，更加方便学

生仿写，解决了学生语言平淡的问题；图文结合的表现关系，给学生的创造性阅读带来无限的可能，描绘出一个又一个充盈着学生体验的故事；绘本的主题丰富，类型众多，贴近学生真实的生活，是课内习作素材的有益补充，有助于习作情境的创设，可以解决习作材料缺乏的问题。可见，绘本是学生习得语言、发展想象、创意表达的优秀资源。

（二）构建了指向创意表达的绘本课程资源

指向创意表达的绘本课程是立足小学生，以绘本为载体，以"阅读能力和创意表达能力的发展"为目标构建的拓展性课程。此课程选取部分国外经典绘本和中国原创绘本，遵循"双线并行"的原则，即"故事主题"与"创意表达"兼顾进行。"故事主题"与统编语文教材每单元的"人文主题"贴近，引导孩子把阅读和创意表达有机融合。每个单元选取1~2本绘本，采用不同的读写策略组织课堂活动，用适宜的评价体系推动学生读写能力的持续发展，培养学生的创意表达能力。此课程是国家课程的有益补充。

（三）探索了指向创意表达的绘本教学课型及教学策略

指向创意表达的小学语文绘本教学研究探索出了三种课型，以便更好地指导教师进行绘本教学。这三种课型分别为：一是表达起始课，二是表达训练课，三是习作支架微型课。

1. 表达起始课

表达起始课，即绘本阅读课，是绘本创意表达的基础，重在激发学生绘本阅读的兴趣，教会学生绘本阅读的方法，可抓住关键图画，或模仿相关的句式，进行口头表达训练。只有读懂绘本，才会依据绘本的图、文、图文结合等特质进行创意表达训练。此类课型适合低年段学生。

著名儿童文学作家彭懿在《图画书应该这样读》中总结了绘本阅读七步法：读封面和封底，读环衬，读图画和文字，翻页读故事，反复多读几遍，读细节，讨论、分享阅读体会。[①]在表达起始课中，我主要运用了以下阅读策略。

（1）预测

预测是指在阅读绘本的过程中，立足自身已有的经验储备，或者与绘本内容相关的知识，找寻绘本线索，据此对绘本内容、结构等形成假设，带着假设走进绘本，从绘本中寻找验证假设的信息，从而判断所形成的假设是否正确，

---

① 彭懿. 图画书应该这样读［M］.北京：接力出版社，2012.

进而形成新的假设，继续探寻绘本，加以验证的阅读策略。[①]绘本阅读中，预测策略可以驱动学生自主阅读，提出探究性的问题，点燃学生的阅读兴趣，引导学生边读边思，培养学生的想象力和表达力。

绘本阅读教学中，预测策略是常用的策略，如看封面预测内容，看图画预测内容，读文字进行预测等，都能进一步引发学生阅读、思考、想象，驱使他们先读绘本再进行验证。

例如绘本《风中的树叶》教学中，引导学生观察封面，让学生预测故事发展，松鼠会衔着柳叶干什么？了解扉页中"10"的意义，再逐一学习十片树叶的不同经历，同时引导学生发现绘本图片中的细节、文字中没有的部分，体会图画的重要性。鼓励学生发挥想象，大胆地表达自己的想法：柳叶会飘到哪里去？小动物会用柳叶做什么？救了小蚂蚱、被扔进火中的柳叶心情分别如何，它们会怎么想、怎么说？体会落叶的心情变化。

再如绘本《小真的长头发》教学中，教学伊始，出示绘本中的三幅图，让学生猜猜是什么？学生的答案五花八门，有猜河流的、冰激凌的、云彩的……"想知道答案是什么吗？让我们带着疑问走进绘本《小真的长头发》吧。"引出课题。在读小真的长头发有多长时，一起读完第一个跨页："要是从桥上把辫子垂下去，就能钓到鱼呢。挂上一点儿鱼饵，河里的鱼，不管什么样的，都能钓上来。"之后，让学生来猜猜小真还能想出她的头发有多长呢？在学生预测的基础上再来验证学生的猜测。

（2）想象

想象是人在脑子中凭借记忆所提供的材料进行加工，从而产生新的形象的心理过程。也就是人们将过去经验中已形成的一些形象暂时联系进行新的结合。它是人类特有的对客观世界的一种反映形式。想象与思维都属于高级的认知过程，阅读是从想象力开始的，因为有了想象力，我们就不只是读了一篇可爱的故事，更能穿梭在现实与想象之间，深刻体会阅读的美好。

《我绝对绝对不吃番茄》是乔尔德诸多作品里非常出色的一本，它也为她赢得了第一个凯特·格林威奖。该书的灵魂在于作者的想象力，比烟花更为绚烂多彩的想象力。书中描写了：胡萝卜不是胡萝卜，它们是从木星上来的橘树

---

① 何雯. "绘"预测，"绘"阅读：借助预测策略引导学生阅读绘本［J］. 第二课堂，2020

（11）：95-96.

枝；豌豆不是豌豆，而是从绿色王国来的绿色圆球，它们是用绿色的东西做成，然后从天上掉下来的；土豆则是从富士山的山尖上飘下来的云朵……这是兄妹俩的一场关于想象力的游戏。想象力其实是一个人最重要的品质，拥有无穷想象力的孩子是最幸福的，他可以从一颗沙砾看到整个世界。教学过程中，紧扣"神奇想象"这一教学主题展开教学，让学生对绘本故事有阅读的向往。教师可以先阅读劳拉不吃胡萝卜和豌豆的部分，然后让学生猜测劳拉不吃土豆泥和炸鱼块时，哥哥查理会怎么描述它们呢？在自主想象中，相机引导学生展开猜测想象，激发学生后续阅读的兴趣。在学生明确故事主要内容的基础之上，通过师生合作朗读以及学生合作朗读，加上动作、声音表演等多种形式读绘本故事，同时注意引导学生读出人物说话时的语气特点，进而让学生感受绘本故事想象的奇特。

（3）推断

获取图文信息之后，就要进行合理的推论了。从具体的图像到抽象的观念与思想，从外在看见到内在洞见，从平面的情节到立体的心理层面，逐步发展解读信息的线索。[①]

《我的爸爸叫焦尼》是瑞典的波·R.汉伯格创作的一本图书。从绘本的图文信息进行推论，我们推论出故事的主人公狄姆是一个离异家庭的孩子，他不能经常见到爸爸焦尼，然而只要能和爸爸在一起每分钟都是快乐的。

绘本《我的爸爸叫焦尼》的封面上，一对父子手牵着手，一个抬头，一个低头，四目相对，相似的模样，微笑也是一样的，这样温馨的场面不用多，只是一眼，就会深深打动我们。

看似简单平凡的故事，在图画创作中却处处体现了细微之处见真情。整本书里面全部都是淡灰色调，有些灰，有些黄，尽管整体是淡灰色的色彩，却给人以温馨的感觉。但是其中却跳跃着几个鲜艳的颜色，爸爸的橘色围巾和妈妈的橘色风衣，首尾呼应，像两盏在黑暗中一前一后陪伴着狄姆的灯。

围巾这个小细节足以看出作者设计巧妙。爸爸的围巾是橘色的，妈妈的围巾是绿色的，而狄姆的围巾则是他们的结合——绿底橘红格子。正是图画中这一精心的创意，让我们明白，原来围巾就是爱的纽带啊！从画风讲，这本书的图画色彩相当朴素，但就是这质朴的图画深深打动了一代又一代读者，在整本

---

① 林美琴.绘本有什么了不起［M］.乌鲁木齐：新疆青少年出版社，2012.

绘本朴素的色彩中，唯一的亮色出现在爸爸身上，这样处理，使得爸爸和狄姆之间的亲情被烘托得更加温暖动人。

故事很长，但是狄姆说得最多的一句话是：

"这是我爸爸，他叫焦尼。"

这句话一共出现了五次，分别在热狗店、电影院、比萨店、图书馆、站台上。从这句话里读到孩子用或许奶声奶气的声音，抑或抬起稚气的脸，坚定地、幸福地、自豪地说出来！这句话虽然重复，却是在不同的场景、不同的人群面前说的，有认识的，也有不认识的，甚至还有擦肩而过的，有男的，有女的，此刻的狄姆已经无法用更多的语言来表达自己内心的喜悦，孩子的情感都蕴含在这最简单的话语里，这一天的狄姆多么幸福啊！他为爸爸自豪，当火车走远，他期待着下一次和爸爸见面的时间。跟爸爸在一起本来是极平常的事情，但是对于离异家庭的狄姆来说却弥足珍贵，这是一个单亲孩子内心的真实写照。这五次宣言，源自一个男孩对父亲真正的崇拜和内心真正的爱！

不善言辞的爸爸终于在临分别之际，按捺不住内心的爱，当着火车上所有的人大声地喊出：

"这孩子，是我的儿子。最好的儿子，他叫狄姆！"

坚定、激动、自豪、骄傲，爸爸的介绍里洋溢着对儿子的爱和赞美，虽然因为空间的阻隔，相处的时间太少，但是父子之间的亲情依然是那么真挚而热烈！

通过对图像、文字的推论，读者就能体会到生老病死，悲欢离合，都是孩子成长中必须面对的话题，经历过欢喜和悲伤，他们才能勇敢地面对生活，并对未来充满期望。这些永恒的主题，会影响我们、我们的孩子，也会影响我们的孩子的孩子。

（4）联结

绘本是由数十张内页组成的文本，每个页面都是定格的画面，不像动画那样可以通过连续的动作带动情节的延续发展。因此，在掌握每一个页面传递的可供理解的线索后，接着就要联结与整合整本书的线索，通过绘本的外在形式表现与内在叙事结构，串联起整体的信息，建构整本书的理解脉络。

绘本的外在表现形式包括版式、封面、封底、书名页、内文等书的元素，从封面、扉页、内页到封底，更有着整体设计的考虑，并通过这种形式上的安排穿针引线，联结所有信息，发展思维，串联起整本书的完整思维脉络。除了图书的外在表现形式外，绘本也可通过内在的叙事结构串联起整体的脉络，发展出完整的思路。有的通过前后页的联系来贯穿整本书向前推进的思维线；有的前后页无直接关联，却能按照特定的节奏串联起整本书的信息，读者只有整合全书的脉络，进行文意的理解与统整，才能领略全书的旨趣。[①]

《比利的书》的作者是美国著名作家、插画家以及动画导演威廉·乔伊斯。这是一本书中书，威廉·乔伊斯把自己的处女作——小学四年级时参加图书大赛的那本《鼻牛之书》，也装订进了这册绘本中。

该书的外在表现形式如下。

护封：这本精装绘本厚厚的硬壳外面还套着一张外封面，也就是护封，护封与封面是同一个画面，但是在前勒口和后勒口上有着重要的信息。前勒口以"绿鼻牛布戈"的口吻或是视角介绍了这本书的作者和这本书的来历以及主要内容。后勒口介绍了作者的小时候和现在。

封面：封面上的小男孩就是比利，他戴着一副眼镜，脸上带着属于他自己特有的微笑，温和而坚定，手上拿着他写的书，书上还站着这本书的主人公布戈。"这是个怎样的小男孩？""书中书的主人公布戈又有怎样的特点？"……这些问题吸引着我们继续往下翻页。

前环衬：前环衬是比利小时候的涂鸦吧！这些涂鸦是比利小脑袋瓜里稀奇古怪的零散的想法吧，你看"我们应该学的科目：做薄饼的数学技能、枕头大战战略分析……""有趣的运动：泥巴大战""将学校改造得更豪华：把走廊地板换成蹦床、把教室换成书屋""神奇的机器让难吃的食物变成美味的培根"，让我们一下子感受到比利真的是个想象天才。

扉页：这个穿红色衣服戴眼镜的小男孩是比利吗？我不太确定，感觉与里面的比利的形象不太一样，但是从具体情境来看又感觉像是，他在介绍自己的朋友绿鼻牛布戈，还有他红色背心上的字母B。从其他同学的表现中可以看出他们都喜欢布戈，并都想有一个具有超能力的布戈。

后环衬：与前环衬连起来看，你会发现后环衬中比利已经把自己的超怪的想法变成了许多小书，如"伯特薄饼小子以及他的厄运连击""好滋和好味培根双胞胎"等，这些稀奇古怪的想法在宽松的学校、家庭环境的保护下变成了一本本书，才会有了现在的天才——威廉·乔伊斯。

封底：这是校长办公室提供的学生档案，在校长眼里比利是一名喜欢挑战现实的小学四年级学生，其中记录了比利许多稀奇古怪的想法，为了充分发挥

---

① 林美琴.绘本有什么了不起［M］.乌鲁木齐：新疆青少年出版社，2012.

他的想象力，专门为他举行了这次图书创作大赛，可以感受到校长是一名真正爱学生的好校长，虽然比利是他最头疼的学生，但是校长依然很喜欢他，所以比利也喜欢这位校长。

内文：这本绘本从构图上看，大多采用的是单页图、单页文字进行叙事，但书中还有六幅跨页图。

第一幅跨页包括四部分内容，第一部分是关于小蝌蚪的观察日记和他画的画（青蛙），可以看出比利是个喜欢小动物的小男孩，这与后面他在校长办公室里谈话时还带着那么多的青蛙有关联；第二部分是鼻子传达的信息，这一部分可能是老师讲卫生保健与"鼻子"的有关知识时，比利在课堂上突发奇想，于是创造了"绿鼻牛布戈"这一人物形象；第三部分是比利平时喜欢看的画报《强尼的旅程》，可以看出比利也爱冒险，希望有超能力；第四部分就是他的书名的备选，比利早就有写这本书的想法了。

第二幅跨页可以让我们感受到比利对画报的喜爱程度，他将自己融于画报之中，变成了其中的一员。

第三幅跨页可以看出比利对数学的无奈，数学成绩得了个F，餐桌上，妈妈或是爸爸正在询问，而比利的手紧紧握着，从这些细节可以看出比利此时的心情是紧张的，他也希望学好数学，但就是缺少这方面的天分吧。

第四幅、第五幅跨页可以看出比利的书什么奖也没有得到，他很悲伤，甚至回家的路都变得那么的漫长。

第六幅跨页可以看出当比利看到同学们都非常喜欢他的书的时候，他回家的路变成了探险的起点，一路上他和同学们交流自己稀奇古怪的想法，同学们在头脑中仿佛出现了画面，跟着比利的想象在行走。这一幅图与第五幅回家那幅图相比，多了许多光芒。

从图画的元素颜色来看，这本绘本中绿色元素特别多，绘本的背景颜色（不同的绿）、比利绿色的斗篷、绿色的眼镜、家里绿色的桌布、绿色的球拍、爸爸绿色的领带、妈妈绿色的衣服和绿色的耳环、姐姐绿色的电话、钟表绿色的表盘、比利的书整个是用绿色钢笔来写来画的。这绿色在心理上代表着安全、舒适、平静，所以我觉得在比利的童年生活中，虽然他的一些行为在别人的眼里是怪异的，但是由于家庭、学校的宽容，他的童年是安全、舒适、平静，自由自在地发展着。

通过对绘本《比利的书》外在的表现形式以及内在的叙事结构进行联结与整合，推论出：

（1）比利不喜欢数学和豌豆，其中他最不喜欢的应该是数学，这在"比利想让上学也像画报那样有趣，不过他为此在数学试卷上做的努力却失败了"这一跨页上能充分感受到。从他紧握着的手来看，他很紧张，他也很在乎数学。他很想学好数学，这在校长办公室这一页里可以看出来，每只青蛙的头上都有一个数学符号。在《比利的书》里绿鼻牛布戈有了一项超能力——能让比利成为世界上最伟大的天才数学家，并且帮助比利做对了老师从来没有教过的、世界上最难的数学题，就连美国总统都来请教他关于数学的问题。这也能看出比利非常渴望改变自己。

他不喜欢豌豆，你看，比利戴着自制的头盔式放大镜，将自己不爱吃的豌豆和土豆泥做成金字塔。在《比利的书》中比利具有了一项超能力，能将自己不爱吃的豌豆变成自己爱吃的巧克力。

看，《比利的书》中这本小书的构思来自比利的生活啊！

（2）比利喜欢天马行空地想象，喜欢星球大战，对卫生保健"鼻子"感兴趣。在写这本书之前，他已经具备了基本的素材与构思，所以他在创作这本书的时候到图书室借阅了有关陨石、神话、太空旅行，还有黏液的书。这是在为他的写作寻找材料。我们看看《比利的书》的成书过程，首先是将想象与生活进行关联，然后去寻找支撑的材料，最后进行写作。书中的他有两个超能力，一个是把豌豆变成巧克力，另一个就是具有隐身术，他希望在自己做一些稀奇古怪的事情的时候不被人发现。

（3）家庭、学校对比利的宽容，保护了比利的想象力与创造力。绘本中比利的父母和姐姐对于比利的"怪"行为表示理解，当他"正常"时反而担心。比利虽是校长最头疼的学生，但他也非常喜欢比利，还有图书馆的老师。比利的同学对他也没有嘲讽，其实感觉他们还挺羡慕比利，可能自己也想这么去做，但没有勇气。

看到里面的书中书，不自觉地就会想到学生写的习作，从开始的比较工整到后来越来越凌乱，非常符合学生习作特点。为什么他的书没有得奖，而孩子们却那么喜欢呢？大人和孩子的视角是不一样的，或许大人的评价标准不一定是错的，但是孩子的评价标准也不一定是错的。我们该怎么对待学生的作品，怎么保护每一名学生的想象力、创造力，这是我们每位教育工作者需要思考的。

2. 表达训练课

表达训练课，即在充分挖掘绘本图、文、图文结合等方面的创意表达训练点而进行的创意表达训练课。比较短小的绘本这一课型会与表达训练课融为一体。此类课型适合低中年级。

（1）借助图画，练习表达

绘本中的图画所提供的信息比单纯的文字所提供的信息多得多。这样强烈的视觉输入，为学生的语言输出提供了绝佳的素材。

例如，在《你看起来好像很好吃》教学中是这样引导学生结合图画，练习表达的。

指导学生关注拟声词"咔嚓！""啊哟——""咣当！"，猜一猜发生了什么事？你又看到了一只怎样的霸王龙？接下来指导学生创意说、创意写。同学们，"很好吃"不知道发生了什么？你知道吗？请结合图画，先小组内说一说，然后写一写吧。

绘本中有的图画没有一个字，可以引导学生发挥合理的想象，给图画配上相应的文字，以培养学生的创意表达能力。

（2）借助文字，练习表达

① 角色扮演，创意表达。

绘本中有许多人物对话的情节，有些绘本还是专门以对话的形式来展开描写的。教学中充分关注这些对话，让学生进行角色扮演，可以培养学生的创意表达能力。

例如绘本《和甘伯伯去游河》中的语言，都是简单的一问一答，虽然话题相同，但是根据人物不同的特点，每个人物的语言又都不相同。这种节奏感和活力感，读起来朗朗上口，孩子们极愿意读。教学片段如下。

师读第一次对话，学生倾听说话的不同语气。请生读。

师：甘伯伯答应了这两个小孩的请求，同时提出了要求，那就是——（请生读句子）

师：下面我们合作读对话。老师来扮演甘伯伯，请一名同学扮演小孩。

再请学生同桌两个练习对话，展示评价。

师：这时一只野兔也蹦跳着来到甘伯伯的身边请求游河（师范读）。连小动物也想游河，真有趣。甘伯伯又是怎样说的呢？（生读句子）这次甘伯伯又提出了新要求——不能乱蹦乱跳。野兔会不会听甘伯伯的话呢？（请生猜一猜）

预设：会，因为只有这样才能去游河；不会，因为动物可能不会听从人类制定的规则。（师评价）

通过看封面，我们知道还有很多动物也去游河了，它们又是分别怎样请求

甘伯伯的呢？（出示课件，请生自由读绘本）

请同学们在小组内练习对话（师巡视指导）。除了模仿不同动物的声音来朗读，我们还可以在动物们说话之前加上合适的叫声，还可以加上自己的表情和动作，请小组内再次练习。请同学上台选择喜欢的动物分角色读对话（分别戴好头饰展开对话）。（评选"动物模仿之星"）

通过老师示范读、师生合作读、角色扮演读，激发了学生朗读的兴趣，创意表达油然而生。

②发现文字规律，创意表达。

选择绘本中多次出现的代表句式，让学生观察，发现规律，模仿写话。在模仿的基础上，加工、改编、延展，让自己的创意和绘本的原文自然对接，创意文和故事相匹配、相融合。

《逃家小兔》是20世纪40年代出版的绘本，直到今天，仍是屹立于儿童图书界的经典之作。小兔子对妈妈说："我要跑走啦！""如果你跑走了，"妈妈说，"我就去追你，因为你是我的小宝贝呀！"……一场爱的捉迷藏游戏就此展开。下面是围绕"如果你变成……我就变成……"这一句式展开的教学片段。

1. 发现文字秘密

师：兔妈妈和小兔子在变的时候，都用了一组句式，你发现了吗？

生："如果你变成……我就变成……"

师：同学们真是火眼金睛，这些词语奇妙地把兔妈妈和小兔子的话联系了起来，那是不是真的发生了？原来它们在做文字游戏呢！我们再来读一遍，看看你还有什么发现？

师：你看看小兔子的前半句恰恰是妈妈的——

生：后半句。

师：而妈妈的前半句呢？

师：又是小兔子的后半句，也就是接着上一个话说，好像句子接龙一样。前后联系，上下承接，很有趣的对话！（贴板书：发现文字的秘密）

2. 给图配文字

师：调皮的小兔子，这次没有把话说完整，请同学们来补充完整吧！

生模仿句式说话。

师：兔妈妈为什么要变成树呢？

生：因为大树是小鸟的家，小鸟飞累了，就可以停在树上休息。

师：你们瞧，在广阔的田野里，妈妈变成了一棵大树，她就这样站着、等着，张开着双臂，搂住向它飞来的小兔。

同桌互相拥抱一下。

3. 拓展想象空间，进一步续编童话

师：孩子们，兔妈妈和兔宝宝捉迷藏的游戏还没有结束呢，这次逃家小兔又变成了什么？请你看图，两人一组，一个当小兔，一个当兔妈妈，模仿上面的句子，来说一说。

生练习说，交流。

上述教学片段中先引导学生发现文字的秘密，然后放手让学生看图模仿句式进行说话练习，在实践的基础上，再让学生续编故事，进而培养学生的创意表达能力。

（3）借助绘本，练习创编

创编故事是绘本创意表达的形式之一，让孩子自由表达、有创意表达也是《语文课程标准》的要求。在学生进入故事情境之后，引导学生展示自己的独特创意。例如《幸运的内德》这本绘本，故事的作者是雷米·查利普，他是个戏剧家，所以这本绘本充满了戏剧性。这本绘本的文字简单，有规律，幸运与倒霉交替出现。每当内德遇到幸运的事，句子的开头都是"哇，真幸运！"；每当遇到倒霉的事，句子的开头都是"唉，真倒霉！"，"哇，真幸运！"与"唉，真倒霉！"交替出现。幸运前的语气词是"哇"，一读就能感受到惊喜、高兴之情；倒霉前的语气词是"唉"，一下子就让我们感受到糟糕、倒霉。并且，随着内德遇到的幸运的事和倒霉的事交替出现，所有出现的句子都有一个规律，一句是幸运的事，紧接着一句是倒霉的事。

教学中，引导学生运用所学的绘本阅读方法，学以致用，结合生活实际，创编属于自己的绘本故事。例如仿照《幸运的内德》运用"哇，真幸运！""唉，真倒霉！"交替出现的语言规律，彩色与黑白交替变换的色彩规律写一写、画一画，创编属于自己的绘本《幸运的我》。在巩固绘本阅读方法的同时，将课堂引向课外。

有些绘本的故事情节反复，文字结构相同，这样的绘本我们就可以让学生仿写段落，构建属于自己的故事。例如《小猪变形记》是一本非常有趣、好玩的绘本，该绘本通过小猪三番五次地变成其他的动物，最后觉得变回小猪最好的故事，向我们讲述了"做自己，最快乐"的道理。仿照绘本的写作方式，发挥想象创编绘本。课堂阅读绘本时，学生已经把握了绘本的写作特点，他们完全有能力创作属于自己的《小猪变形记》。教师引导学生："如果小猪没有遇见另一只小猪，而是继续模仿其他的小动物。大家发挥想象它接下来又会模仿谁？又会怎样向别人炫耀？最后结果如何？"让学生完成绘本创编，并配上生动、幽默的图画。学生的想象力爆发，创编的绘本故事也是异彩纷呈。

"嗨！"小猪兴冲冲地向小金鱼问好，"我是一头有力气的小牛，我有一对尖尖的角。"

"你不是一只有角的小牛！"小金鱼哈哈大笑，"你是一只笨到家的小肥猪，你只是在头上粘了两根粗木棒罢了！还有，你一定没有多少力气！"

小金鱼的话让小猪生了一肚子气，他冲向小金鱼，结果被石头绊倒了，突然，他看了一下小金鱼，计上心来……（泽轩）

"嗨！"小猪跟大猩猩打招呼，"我是一只了不起的大白兔，我能把一棵大树啃得粉碎。"

"你不是大白兔！"大猩猩大吼着说，"你是一只嘴上装着木牙的小蠢猪，再说你顶多咬碎草而已。"

大猩猩真没礼貌，小猪气急败坏，一心想啃给大猩猩瞧瞧。

他找到一棵大树就啃了起来，越啃越疼，大树却只是被啃破一点点树皮而已。忽然，小猪大叫一声，那木牙应声而落。（煜涵）

"嗨！"小猪开心地跟乌鸦打招呼，"我是一只了不起的猎豹，我跑得比汽车还快。"

"你不是猎豹！"乌鸦慢慢地说，"你只是身上涂了猎豹花纹的小笨猪，再说你根本就跑不快。"

乌鸦真没礼貌，小猪气坏了，一心想跑给乌鸦看，还没跑几步，"哐当"小猪撞到了一棵树上，他痛得哇哇叫，他突然又想到了一个好主意……（林鑫）

"嗨！"小猪跟小猫得意扬扬地说，"你看，我是一头活泼可爱的大棕熊！我有很大的力气，可以把一棵大树举过头顶！"

"你不是大棕熊！"小猫讽刺地对小猪说，"你只不过是一只涂上棕色颜料的小笨猪而已，再说你也没有那么大力气把一棵大树举过头顶！"

小猫可真没礼貌，小猪气坏了，一心想让小猫看看自己有多大力气。（坤彤）

看学生的语言多么富有情趣！这样的创意表达学生很喜欢。

3. 习作支架微型课

习作支架微型课，即绘本为统编小学语文习作提供支架，以减轻学生习作难度的微型课。

这类课型要在梳理、明确统编小学语文教材中纪实类（写人、记事、写景、状物）、想象类、应用文类习作要求的基础上，预估学生习作中遇到的难点，聚焦相关绘本为习作提供素材、构思、写法等方面的支架。这类课型绘本在教学的某一环节出现，或是课前导入，或是激发兴趣，或是创设情境，或是作为示范，或是启发思考，或是学习构思……在需要的时候用到绘本，是这类课型常见的样态。

教学中常采用两种方式：一是多个绘本为一篇习作提供支架；二是一个绘本为一类习作中的多篇习作提供支架。

以三年级下册第八单元习作"那次玩得真高兴"为例，开始时，借助绘本《我和老爸》，帮助学生回忆更多有趣的事情，打开学生的思路。在指导学生修改习作时，将绘本《我有友情要出租》和《你感觉怎么样？》引入教学，目的是让学生在习作中写自己玩的过程时可以将人物的动作、语言、神态及内心的感受等写进去，这样习作会更清楚、更具体。这样，多个绘本为一篇习作提供方法支架，减轻习作难度，让学生写作更轻松。

有的绘本能为多篇习作提供支架。以《比利的书》为例，这本绘本的前后环衬为三年级下册第五单元"奇妙的想象"搭建素材支架，绘本中比利大胆的想象提高学生想象的品质，为四年级上册第四单元"我和＿＿＿＿过一天"提供构思支架。通过阅读书中书《比利的书》，引导学生梳理写好想象习作的妙招：想象要大胆、要有趣。还可以通过前环衬写《我和比利过一天》，帮助学生完成比利小时候的梦想和愿望。前后环衬还可以为四年级下册第二单元"我的奇思妙想"提供素材支架，帮助学生打开习作的思路。

在这种课型中，常用的教学策略有如下几种。

（1）聚焦

所谓聚焦，就是在借助绘本为习作搭建支架时，教师要独具慧眼：一是研究统编教材中的习作内容，聚焦习作的核心目标；二是聚焦相关绘本，看见绘本为习作搭建支架的"因子"。

例如，四年级上册第二单元习作"小小'动物园'"，本单元的习作是要求学生从不同角度找到家人和动物之间的相似性，从而进行联想，展开写作。习作的核心目标是发现并初步运用动物表现家人特征的方法，把家人想象成相应的动物，用一段话写出他们的相似点。聚焦绘本《我家是动物园》，正是小男孩祥太把家里的每个人物根据其特点想象成一种动物，如"他（爸爸）是只大狮子。最爱吃肉，不爱吃蔬菜。早上他脾气不太好，头发乱蓬蓬的，叫起来像狮子吼。""她（曾祖母）是只猫头鹰，总是打着盹，半睡半醒。虽然她平常只会说'啊''嗯'，只要和她在一起，大家都觉得很温暖、很祥和。她没有牙齿的嘴巴，笑起来呵、呵、呵的。"教学中把绘本《我家是动物园》引入教学的目的：一是课堂伊始，播放学生录制的绘本视频，激发学生兴趣；二是突破本次习作核心目标搭建示范支架，通过品读绘本中的文字，体悟怎样写：介绍家人时可以先介绍他像什么，然后写哪里像，还可以写写和他在一起的感受，即感觉怎么样。在指导学生如何写好这一环节，还可以以"这是我妈妈，明美女士。其实呢……她是只大浣熊，不管看到什么东西，都马上收去洗。有一次，妈妈差点连我也一起洗了"为范例，引导学生在写特点时，可以通过事例来写清楚。

（2）重构

为了更好地用绘本来教，教学中有时可以对绘本进行重构：一是根据教学需要对绘本的文字进行重构；二是对绘本的图画进行重构；三是根据教学需要对绘本进行重构。

为了更好地为习作搭建支架，绘本中出现的文字，可以进行选取、重组、加工、改编，使之与本次教学目标更加吻合，更加实用。例如，运用《我家是动物园》这本绘本教学习作"小小'动物园'"时，就是选取其中的几段有特点的文字，然后进行分析，让学生明白祥太在介绍自己时先是简单介绍自己，然后借助比喻来介绍自己，并用几个理由来集中说明。

"我想对您说"是统编小学语文五年级上册第六单元习作。本次习作明确提出要用恰当的语言表达自己的看法和感受。如何让学生向亲人长辈勇敢自如地表达自己的看法和感受呢？绘本《妈妈你好吗》讲述了小作者在母亲节时向妈妈说的一些"当面说不出来的心里话"，绘本故事很简单，看上去像在诉说不满，其实充满天真与烂漫，极其可爱。教学时加上一行文字"写出当面说不出来的心里话"一下子就把"为什么要写心里话"弄清楚了，在这样的情境之中，学生置身真实情感的"场"，情动而辞发，能实现自由而真实的表达。

绘本图画出现的方式也可以多样，可以一幅幅出示，也可以一次性出示，关键在于要符合教学的需要。教学三年级下册第八单元习作"这样想象真有趣"时，将绘本《小真的长头发》引入教学。教学导入时，将绘本中几幅小真想象的长头发的图片组合，让学生来猜是什么？以此激发学生阅读的兴趣。教学中，学习完"要是从桥上把辫子垂下去，就能钓到鱼呢。挂上一点儿鱼饵，河里的鱼，不管什么样的，都能钓上来"之后，再出示后面的三个跨页，让学生仿照上面的例句来练习说话。这三幅图想象夸张，且把想象化为现实中的具体事物，为习作教学提供了思维支架。

有时为了教学需要，也会对绘本进行重构。例如，教学四年级上册第四单元想象习作"我和_____过一天"时，将绘本《比利的书》作为学生学写想象习作的构思支架。本次习作的教学要求是展开想象，写一个和书中人物过一天的故事，想想你们会一起去哪里？会做些什么？会发生什么故事呢？这次想象习作是移情入境地再造想象。绘本《比利的书》中比利小时候创作的小书也是再造想象的故事。于是，教学中选取这本书中书进行教学，让学生从这本书中书中学习想象的妙招，然后迁移运用，进行写作。

（3）创生

① 联结生活。

绘本中描述的故事和生活中的真实场景，有着许多相似之处。不同的人在阅读同一本绘本的时候，往往会找到不同的自己。因此，用绘本引导学生习作，引发生活话题，联结自我是极好的选择。

例如，统编三年级下册第三单元要求写一写中华传统节日，于是我们借助绘本《北京的春节》，借助老舍先生的笔触来感受北京春节的热闹，从"腊八""二十三过小年""除夕""大年初一""元宵"等重要日子的北京的风俗，联结我们当地过春节的风俗，学生的思绪一下子就会想到我们当地的春节是怎么过的。再就是借助绘本《小团圆》，聚焦爸爸春节回家四天发生的事情，从除夕晚上开始，感受过春节的热闹，学生感情自然生发。两本绘本都是按照时间顺序来写，并且都有记叙的重点，在联结生活的基础上学到了表达方法。

② 创设情境。

绘本语言简洁、有趣而生动。借助绘本，能充分创设情境，唤醒学生的言语动机，让学生自由表达。

例如，五年级下册第四单元习作"他_____了"，除了要将事情的前因后果写清楚，还要把这个人当时的样子写具体，表现出他的内心活动。教学伊始，借助绘本《菲力的17种情绪》中的图片，让学生说一说他怎么了，通过绘本中同一人物的不同表情来猜测人物的内心，紧扣本次习作的主题，创设情境，激发学生的学习兴趣。

再如，四年级上册第二单元习作"小小'动物园'"，这是一个充满情趣的习作话题，将自己的家人想象成某种动物，通过回味与家人相处的片段，感知他们的显著特点。内容上，通过家人与动物的联结，乐趣无穷；情感上，再现了学生与家人相处的片段，情意浓浓。为了创设情境，课前将改造后的有声绘本《我家是动物园》放给学生观看，绘本中诙谐、有趣的语言一下子就吸引了学生的眼球，勾起他们对家人的联想。

③迁移方法。

绘本文字简洁，故事性强，是优质的表达范本。习作教学中，借助绘本引导学生关注内隐的写作密码，迁移到绘本之外、教材之中。

例如，三年级下册第六单元习作"身边那些有特点的人"，针对学生不能将人物特点写清楚这一教学难点，借助绘本《怕浪费婆婆》来进行攻克。绘本《怕浪费婆婆》语言夸张、幽默，通过"太浪费"的语言、动作将人物的特点活灵活现地写了出来。这样教学，就让学生在阅读绘本中学习到了写作的秘妙，进一步解决了"怎么写"的难题。

再如，四年级上册习作"小小'动物园'"的教学中，为了指导学生"怎样写"，出示绘本《我家是动物园》中写"爸爸"的片段，引导学生分析绘本中是怎样写的，先写的什么，再写的什么，最后写的什么。掌握了写作的密码，学生写起来就容易多了。

④创意表达。

绘本能启迪想象，创造灵感。借助绘本去发现，去异想天开，可以进行有创意的表达，学生会享受到习作的成功与快乐。例如，四年级上册第四单元习作"我和____过一天"是一篇想象作文，为了鼓励学生创意表达，将绘本《比利的书》融入教学，引导学生学习想象的秘妙，并鼓励学生写写假如自己和故事中的少年比利或是绿鼻牛布戈过一天，会发生哪些神奇又奇特的事情。在学生的习作中，创意表达显现，有的同学跟着比利回到了少年比利的时代，和比利度过了冒险的一天，和比利一起玩蹦床大战、一起在树屋做数学题、一起创作图书……有的同学把比利引领到了我们现在的时代，度过了奇妙的一天，一起感受少年比利小时候没有的电脑游戏大战、一起去游览世界……有的同学和绿鼻牛布戈度过了不可思议的一天，在绿鼻牛超能力的引领下，帮助自己克服一个个难关，让自己变得无比强大。

绘本联结小学统编语文教材，聚焦并落实习作目标，重构绘本内容，服务习作教学，创生习作教学新样态，开辟教材习作教学的新天地。

借助绘本实施想象作文的实践

在小学阶段，想象作文是培养创造想象的重要途径。想象作文写作的过程需要观察力、记忆力、创造性思维、想象力在内的多种心理因素参与，其中观察力和记忆力有助于学生丰富头脑中的表象，而想象力和创造性思维则是驱动学生富有新意地加工头脑中既有表象的动力。因此，想象作文重要的教学目标是培养学生的想象力和创造力。

《语文课程标准》分学段对想象作文提出了明确的要求：第一学段，要求写想象中的事物；第二学段，要求能不拘形式地写下自己的想象；第三学段，要求能写简单的想象作文。

目前，小学生写的想象作文存在这样的问题：一是想象内容空洞，不够丰富；二是想象不够新颖，缺乏创新性；三是想象缺少审美价值。我尝试利用绘本为想象作文搭建支架，提高学生的想象品质，让学生的想象具有审美价值，从而降低学生写想象作文的难度。

一、绘本是培养学生想象力的重要媒介

想象是需要有表象的积累。想象作文一般是在已有形象的基础上，在头脑中创造出新形象的过程。一个人的想象作文中的构想往往反映出其阅读的品质、生活的经历以及创造性的思维。没有阅读积淀的学生，是很难创编出具有审美情趣的故事的。绘本在培养学生想象力方面有独特的优势，学生在绘本中不仅接触到精彩的故事情节、精美的视觉画面，而且能在画面和故事的激活下，开启想象的无限可能。一本绘本至少包含三种表达方式：一是文字讲述的故事；二是图画讲述的故事；三是文字和图画相结合讲述的故事。绘本的图、文、图文结合的表现关系，给学生的创造性阅读、创意表达带来无限可能，会生发出充满无限想象力的故事。可见，绘本是学生习得语言、发展想象的优秀资源。

二、绘本让学生的想象具体而又丰富

绘本有高品质的图画。这些图都是插画家们精心绘制，讲究绘画的技法和风格，讲究图的精美和细节，是一种独创的艺术。优秀的绘本里每一页图画都堪称艺术精品，加上各种艺术装帧，一下子就能吸引学生的注意，激发学生的阅读兴趣，使学生在一幅幅画面上流连，与之对话，甚至物我两忘，对培养学生的想象力有着难以估量的潜移默化的影响。例如，绘本《幸运的内德》在图画上最大的特点就是运用色彩来渲染故事的悲喜，随着翻页幸运和倒霉交替出现，色彩的强烈对比，让故事立体感增强，感染力十足，童趣大增。教学中引导学生大胆猜想，拉进学生与绘本故事的距离。如在内德逃脱鲨鱼追捕时，教师创设情境，引导学生想象：掉到大海里的内德遇到了一群鲨鱼，在这危险的时刻，内德是怎么逃脱的？内德一点也不害怕，他飞快地游泳，比鲨鱼游得还快。他是怎样游的？你能上台演一演吗？如果你是内德，你心里在想些什么？充分运用绘本中的图画展开想象，学生乐说、爱写，想象不再是空洞的，而是具体又丰富的。

三、绘本让学生的想象新颖而又创新

绘本都是经过作者反复推敲、再三锤炼，用点睛、传神的文字构筑出一个个跌宕起伏的故事，语言富有质感、风趣活泼、耐人寻味。绘本的文字简练、通俗易懂，特别符合学生的语言习惯，能带给学生丰富的语言体验，促进他们想象力和理解力的发展，体验语言蕴含的乐趣和愉悦，给他们带去无限创造的可能。例如，绘本《小猪变形记》的教学中，看到题目，学生的想象力就被激发出来了。"同学们猜一猜，小猪可能会变成什么？""小鸟""小狗""大象""猴子"……我边和学生读，边提出问题和学生一起猜想、读图、读文、讨论。"小猪想到了一个怎样的好主意？""读图是读绘本故事重要的一步，仔细读这幅图，看看小猪是怎样变成长颈鹿的？""小猪气呼呼地走了，没过多久……发生什么了呢？同学们想一想。""它马上又想到了一个好主意，是什么好主意呢？"……孩子们开心读，大胆想，出现了我一直想要看到的语文课的情景：小手高举，兴趣盎然，眼中有光……小猪在变形后遇到斑马、大象、袋鼠、鹦鹉、猴子等动物后的对话，在结构上是相同的，于是我引导学生发现语言上的规律，然后让学生说说故事中的小猪还会变成什么，它又会遇到谁，会说些什么，结果怎样。学生写出来的作品富有新意，令人欣喜。可见，绘本让学生的想象新颖而又创新。

四、绘本让学生的想象具有审美情趣

虽说孩子是天生的想象家，但是想象是需要有表象的积累的。优秀的绘本，总能让人读后心生美好，满足孩子天生的爱天马行空幻想的思维特点。引导不同年龄的孩子阅读适合他们的想象类绘本，并开展交流，孩子天生的想象力会被唤醒、被激发，并在潜移默化中领悟到好的故事是怎样的，这样的欣赏水准也会在自己的习作中无声地表现出来。

优质的图画本身就是语言，极富想象空间。绘本让语言和思维产生无限组合，画面就是孕育想象的母体。统编二年级下册第四单元看图想象写话的要求是："看图，想一想：小虫子、蚂蚁和蝴蝶用鸡蛋壳做了哪些事情？它们有什么有趣的经历？把它们这一天的经历写下来吧！"教学这一写话时，我把绘本《古利和古拉》引入教学中，引导学生在阅读绘本的基础上，先猜想古利和古拉用蛋壳做了什么，然后出示图画，让学生看图写话，这样的想象写话学生创意无限。更重要的是，这样的想象故事脱离了浅薄的好玩，更富有童真和童趣，具有了审美情趣。

五、绘本为想象习作搭建支架

想象品质具备了，如何写好想象习作呢？许多绘本可以为想象习作搭建支架。例如，教学四年级上册第四单元想象习作"我和_____过一天"时，我将绘本《比利的书》融入本次习作教学中，使其为本次习作搭建支架。教学流程为：读绘本，抓想象的秘妙→总结秘妙，提出写作要求→列提纲，写想象故事→分享故事，评改习作。

习作"我和_____过一天"要求展开想象，写一个与书中人物相处一天的故事。这次想象习作是对别人故事的想象，是移情入境想象、再造想象。绘本《比利的书》中的小书《比利的书——一个绿鼻牛的故事》也是一个再造想象故事，这本小书的想象是大胆的、有趣的、完整的，可以为本次想象习作提供写作思路的支架。这本绘本为我们讲述了一个具有非凡创造力的男孩——比利，他儿时在学校举办的图书创作大赛中，创作的书中书《比利的书——一个绿鼻牛的故事》虽然没有获奖，但校长在"想象力"这一评价方面给了他20分（满分10分），同时他的书也得到了同学们的喜爱。这本绘本的前后环衬更是集中了比利的奇思妙想。阅读绘本《比利的书》提高了学生的想象品质，让学生的想象具有审美情趣。接下来，在阅读的基础上我引导学生体会想象所具备的特质，即想象要大胆，想象要有趣，想象是一个奇妙的故事发生、发展、结束的过程。

学生拥有了想象写作的妙招，最后在读中学写，即运用读的积累、提炼并迁移至写中。

再如，三年级下册第五单元想象习作"奇妙的想象"，其要求是大胆想象，创造出属于自己的想象世界。教学中我将绘本《小真的长头发》作为习作支架，让学生在阅读绘本中体会想象与表达的妙趣。《小真的长头发》是一本充满童趣、有着天马行空想象的绘本，是训练学生想象的绘本。学生在阅读绘本的基础上，利用头发的特点去想象长头发还能做什么，还能发生什么新奇的故事。学生在原有绘本的基础上续编故事，既解决了不知借助何种事物想象的问题，还能让习作的过程变得有趣和容易。

在充分把握统编小学语文教材中想象作文编排体系及每次想象习作的出发点及具体要求的基础上，将绘本引入想象作文教学，为想象作文提供支架，提高学生的想象品质，对于学生写好想象作文是大有裨益的。

参考文献

［1］常志丹.统编小学语文教材想象作文编排特点与教学建议［J］.语文建设，2019（2）：4–8.

［2］中华人民共和国教育部.义务教育语文课程标准（2011年版）［S］.北京：北京师范大学出版社，2012.

［3］赵飞君.统编教材中想象习作的生发点与着力点［J］.小学语文，2019（11）：66–72.

［4］培里·诺德曼.阅读儿童文学的乐趣［M］.陈中美，译.上海：少年儿童出版社，2008.

［5］何捷.绘本的魔力：让儿童爱上写作［M］.南京：江苏凤凰科学技术出版社，2018.

［本文系山东省淄博市教育科学"十三五"规划2019年度重点课题"小学语文绘本阅读教学实践与研究"（2019ZJZ025）阶段性研究成果，2021年6月发表于《东方娃娃：绘本与教育》］

让想象飞起来

——《比利的书》绘本写作教学

一、教学目标

1. 通过书中书《比利的书》的交流，引导学生了解想象的特质：想象要大胆（选题）、大胆的想象创造现实中不存在的事物和景象（选材）、通过奇妙的想象可以实现美好的愿望，并拥有奇异的经历（编故事）。

2. 阅读绘本《比利的书》进一步体会想象的情趣，借助该书中学生感兴趣的素材，结合四年级上册第四单元进行"我和_____过一天"的习作。

3. 按照习作要求，评改学生的想象习作，践行教、学、评一体化的理念。

二、教学准备

提前阅读绘本《比利的书》。

教师制作教学课件。

三、教学过程

读绘本，抓想象的秘妙 ⇒ 总结秘妙，提出写作要求 ⇒ 列提纲 ⇒ 评价完善 ⇒ 完成习作

（一）漫谈想象，导入新课

（1）童年是美好的，童年是美妙的，童年更是充满美好想象的。在所有人当中，儿童的想象是最丰富的，老师就特别想知道，你们有过何种想象？

（学生想到什么说什么）

（2）上节课我们阅读的绘本《比利的书》的作者是威廉·乔伊斯，由他创作的绘本《神奇飞书》改编的动画短片获得了奥斯卡最佳动画短片奖。而《比利的书》是作者童年自传的故事，童年的威廉是个怎样的孩子呢？出示比利爱

看漫画书和上体育课时的图画，请同学们认真观察。指名说。

从这两幅图中可以看出童年的威廉（比利）爱看漫画书、爱发明、爱创造。

再观察比利数学成绩单及吃饭时两幅图。

从这两幅图中可以看出童年的威廉（比利）数学成绩糟糕，不爱吃豌豆。但他很想改变，他是怎么改变的呢？他借助一个"鼻牛"的力量来改变。这是一本关于想象的故事。这本小书在学校举办的图书创作大赛中虽然没有获奖，但校长在"想象力"这一评价方面给了他20分（满分10分），他的书也得到了同学们的喜爱。

这节课让我们一起跟着比利到这本书中去寻找让想象飞起来的秘诀吧。

评析：童年是最爱想象的年龄。漫谈想象，意在激发学生的想象力。由绘本中的四幅图来讨论比利是个怎样的孩子，一是为学习下面的内容做铺垫，二是让学生了解比利如此优秀与他小时候爱幻想、爱想象是分不开的。

（二）聚焦书中书《比利的书》，发现想象的秘妙

1. 体会主人公、故事情节的神奇

（1）梳理第一章的故事情节梯。

默读、交流：第一章先写了什么，又写了什么？

	我和几个鼻牛住在比利的鼻孔里
第一章　我感冒了	比利学数学有困难，我们帮不上忙
	陨石击中了比利，砸在他的脑袋上，我们被喷了出来

（2）故事的主人公是谁？一个普普通通的绿鼻牛，绿鼻牛是什么？对，就是鼻涕、鼻屎。选一个特别离奇、神奇、不可思议的人物作为故事的主人公，想象很大胆、很不一般哦。

（板书：想象要大胆）

（3）绿鼻牛是怎么出世的？一颗星星打了个喷嚏，喷出一块陨石，陨石径直朝地球飞来。飞进比利的房间，击中比利，砸在比利的脑袋上。比利打了个喷嚏，我们被喷了出来。好神奇、好有趣的故事情节啊！

（板书：想象要有趣）

2. 体会美好的愿望引发奇妙的想象

（1）梳理第二章的故事情节梯。

指名读，一起梳理。

第二章 "超级鼻牛"	我拥有了数学超能力，帮助比利
	比利也有了超能力，把豌豆变成了巧克力，会飞，会隐身术
	比利在我的帮助下，做对了世界上最难的数学题，还帮美国总统解决数学题

（2）讨论：鼻牛布戈和比利有了怎样的超能力？

鼻牛布戈拥有了不可思议的超能力，比利也有了超能力，他能把豌豆变成巧克力，他会飞，还会隐身术。

讨论：比利为什么让鼻牛和他自己具有这些超能力呢？指名说。

正因为现实中的比利数学一团糟，不爱吃豌豆，可是他又极其渴望学好数学，他也想让自己喜欢吃豌豆，所以在他的故事中就创造了一个神灵般的人物鼻牛布戈，并且让自己和他具有了这样的超能力。可见，在想象的世界里，什么都可能发生。美好的愿望能引发奇妙的想象。

3. 体会想象的完整

（1）梳理第三章的故事情节梯。

第三章	比利成了"万能男孩"
	我们又搬到了同一个鼻孔里
	我和比利一起拯救世界

（2）梳理整个故事的故事情节梯。

刚才我们利用故事情节梯对三章内容进行了梳理，了解了这个想象故事的故事情节。那我们把整个故事来梳理一下吧。

讨论交流。

比利的书	星星打了个喷嚏，喷出了一块陨石，陨石击中比利，砸在他的脑袋上，鼻牛布戈出世了
	鼻牛布戈拥有数学超能力，帮助比利做对了世界上最难的数学题。比利也有了超能力，把豌豆变成巧克力，会飞，会隐身术
	比利成了"万能男孩"。鼻牛布戈有时和比利一起拯救世界

（3）这个想象故事有起因、经过、结果，是一个完整的故事。要想让别人感受到想象的乐趣，想象就一定不是一个人物或某个画面，而是一个无比奇妙的故事发生、发展、结束的过程（起因—经过—结果）。

（板书：想象要完整）

4. 了解比利创作这本小书的过程

比利是怎样创作这本小书的呢？出示比利查找资料、去图书馆借书的图画。

讨论交流：在很早之前比利心中就有了创作这本小书的想法，这想法可能来自一堂卫生保健课，可能来自看的漫画书。有了这个想法之后，比利借了大量的图书进行阅读，然后专心写作。可以看出想象故事也不能完全天马行空、漫无边际，故事中的主人公要符合自身的物性，这就需要我们去阅读相关的书籍，去了解想象中事物的特点。

（三）聚焦前后环衬，总结想象的秘妙

1. 聚焦前后环衬

请同学们看，在绘本的前后环衬中，都是比利像你们这么大的时候的各种奇思妙想，请同学们说说，他的这些奇思妙想都来自哪里？

是啊，他的这些奇思妙想有的来自家庭，有的来自学校，有的来自看的漫画书，想象是源于生活又高于生活的。

2. 总结想象的秘妙

同学们，刚才我们阅读了书中书《比利的书》及绘本的前后环衬，现在我们总结一下，让想象飞起来的秘诀是什么呢？

想象要大胆，它可能源自你的愿望和生活，但却是现实世界中不存在的事物和景象；想象要有趣、奇特；要想让别人感受到想象的乐趣，想象就一定不是一个人物或某个画面，而是一个无比奇妙的故事发生、发展、结束的过程（起因—经过—结果）。

评析：阅读书中书《比利的书》，通过交流，引导学生了解想象的特质、发现想象的秘妙，即想象要大胆（选题）；大胆的想象创造现实中不存在的事物和景象（选材）；通过奇妙的想象可以实现美好的愿望，并拥有奇异的经历（编故事）。然后运用总结出的秘妙进行迁移，练写想象习作。

（四）练写"我和_____过一天"

教材中有一篇习作，是"我和_____过一天"，这是一篇想象习作。下面就让我们运用从绘本《比利的书》中学到的让想象飞起来的秘诀来写好这篇习作吧。

1. 明确习作要求

习作要求：

1. "我和_____过一天"（你可以选择鼻牛布戈、比利，也可以选择你喜欢的神话、童话中的主人公；这一天中你们都发生了哪些神奇又奇特的故事？你可以写几件事，也可以重点写一件事）。

2. 先拟出提纲，再写。

	1. _____
我和_____过一天	2. _____
	3. _____

2. 学生拟写提纲

出示《比利的书》的故事情节梯，学生拟写故事提纲。

3. 评议故事提纲

说说故事要讲什么，其他同学评一评，看这个故事想象是否大胆、情节是否有趣、内容是否完整。

评价项目	☆☆☆
想象大胆	
情节有趣	
内容完整	

（五）课堂拓展

同学们，这节课老师发现你们和比利一样，有着超级棒的想象力。课下请同学们完成自己的这篇习作，完成后读给小伙伴听一听，下节课我们举行故事分享会。

评析：想象习作是语文学习中培养创造性思维的重要途径。四年级上册第四单元习作是展开想象，写一个与书中人物相处一天的故事。这次想象习作是对别人故事的想象，是移情入境想象、再造想象。绘本中的小书《比利的书》也属于再造想象，这本小书的想象是大胆的、有趣的、完整的，可以为本次想象习作提供写作思路的支架。同时，绘本的前后环衬更是集中了比利的奇思妙想，也可以为学生打开想象的思路。阅读绘本故事《比利的书》更是提高了学生的想象品质，让学生的想象具有审美情趣。

以绘本为载体，写好家庭成员

——"小小'动物园'"课堂教学实录及评析

一、听绘本故事，导入新课

师：同学们好，大家喜欢听故事吗？今天王老师想与大家分享一个绘本故事，名字叫《我家是动物园》。老师把这个绘本故事录制成了有声绘本，下面就请同学们边听边看边想：你喜欢这个故事吗？为什么？

学生观看录制的绘本故事。

师：绘本听完了，谁能来谈谈你听了这个故事后的感受？

生：这个绘本太好玩了，把每一个家庭成员都比作了一种动物。

生：很有趣的一个绘本故事，小男孩祥太和家人们组成了一个快乐、有趣的动物园。

课件出示祥太一家人。

师：请大家说说，祥太都有哪些家人呢？

生：爸爸、妈妈、爷爷、奶奶、曾祖母、妹妹，还有两条小金鱼。

师：能用上"有……有……还有……"的句式来说一说吗？

生：祥太家有爸爸、妈妈，有爷爷、奶奶，有曾祖母、妹妹，还有两条小金鱼。

师：真好！能用这个句式也来介绍一下你的家人吗？

生：我家有爸爸，有妈妈，还有弟弟。

师：哈哈，还有你，忘了说自己了。请再来说一遍。

生：我家有爸爸，有妈妈，还有我和弟弟，在这个大家庭里我感觉很温暖。

师：请其他的同学也这样来介绍一下你的家人吧。

生：我家有爷爷，有奶奶，有爸爸，有妈妈，还有姐姐和我，生活在这个大家庭里，每天都很快乐。

生：我家有爸爸，有妈妈，还有我和妹妹，我家很和谐，每天都充满欢声笑语。

师：是啊，同学们都有幸福的家，家里有相亲相爱的家人。其实，我们的家庭也像祥太的家庭一样，也像个小小"动物园"呢。

今天我们一起走进第二单元习作"小小'动物园'"，一起读课题。

评析：此环节借助绘本，激发学生练说、练写的兴趣，充分发掘绘本中的趣味因素，引导学生用"有……有……还有"的句式来介绍自己的家人，为后续教学做好铺垫。

二、明确习作要求，构建思维导图

（一）明确习作要求

师：本次习作给我们提出了哪些具体的要求呢？请同学们翻到课本第30页，读一读，看看本次习作让我们写什么？怎么写？

学生自读习作要求。

生：让我们把家人比作动物来写一篇作文。

师：你能把具体的要求读一读吗？

生：想一想：你的家人和哪种动物比较像？什么地方像？每天生活在这个"动物园"里，你感觉怎么样？

师：还有补充吗？

生：给家里的每个人都写上一段，写好了读给同桌听，看看有没有不通顺的句子。回家读给家人听，请他们评评写得像不像。

师：好，让我们一起梳理一下，本次习作要求是写人，写什么人呢？对，家里的每个人，要给家里的每个人都写上一段。怎么写呢？习作要求中也给我们做了提示：你的家人和哪些动物比较像？什么地方像？每天生活在这个"动物园"里，你感觉怎么样？我们可以概括为：像什么，哪里像，怎么样。

（二）寻找发现"相似点"

出示句子：

小明说："我的爸爸胖胖的，憨憨的，像一只熊。"

小红说："我的姐姐游泳特别好，在水里像一条自由自在的鱼。"

小兰说："我的爷爷很威严，就像一只大老虎。"

师：请同学们读读这些句子，从这些句子中你能发现什么？

生：我发现了小明的爸爸胖胖的，憨憨的，熊也是胖胖的，憨憨的，所以说小明的爸爸像一只熊。

师：是的，胖胖的，这是小明的爸爸哪方面的特点？

生：外貌。

师：是的，这是小明的爸爸外貌上的特点，与熊的外形相似。那憨憨的，又是哪方面的特点呢？

生：这是性格上的特点吧？

师：是的，这是性格上的特点，憨憨的，与熊相似。那同学们，小红的姐姐游泳特别好，是哪方面的特点呢？

生：这是小红的姐姐的特长，小红的姐姐游泳的本领高，像鱼。

生：小兰的爷爷很威严，我觉得这是小兰的爷爷给人的总的感觉，从样子、气质、性格各方面让人感觉很害怕，就像大老虎一样。

师：说得太好了，我们来总结一下，我们可以从人物的外貌、性格、特长、气质等方面来思考他与哪种动物相似，也就是找人与动物之间的相似点。

（三）构建思维导图

（出示妈妈与绵羊图）

师：请同学们看这幅图，图中的妈妈和绵羊有哪几个方面的相似点呢？

生：有三个相似点。

师：能具体说说吗？

生：妈妈和绵羊都是波浪卷，都爱吃素，性格都很温和。

生：妈妈的头发是卷的，妈妈爱吃素，妈妈的性格很温和，这是妈妈身上的特点，再看绵羊的毛是卷的，绵羊爱吃素，绵羊的性格很温和，这三个特点很相似，所以说妈妈像绵羊。

师：说得真好！我们可以在头脑中建构起这样一个图。

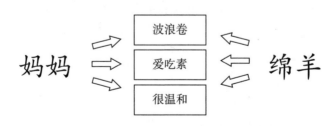

妈妈与绵羊在外貌、饮食、性格这三个方面很相似。那同学们能根据这幅图来介绍一下这位妈妈吗？

生：我妈妈非常漂亮，头发烫成了波浪卷，她爱吃素，不喜欢吃肉，她的性格很温和，就是我们犯了错，她也会和风细雨地教育我们，所以我妈妈像一只绵羊。

评析：此环节引导学生在明确习作要求的基础上，通过三个例句，发现其中的习作秘妙，可以从外貌、性格、特长等多个角度去寻找家人与动物的相似点。通过妈妈与绵羊图，帮助学生在头脑中建立起思维导图，以帮助学生进行习作构思，也帮助学生完成从一句话向一段话的过渡。

三、聚焦特点，搭建支架，指导"怎么写"

（一）利用思维导图，寻找相似点

师：你的家人和哪些动物比较像？什么地方像？在小组内和你的小伙伴交流一下吧。

出示表格：

家人	相似点1	相似点2	相似点N	动物
爸爸				
妈妈				
我				
……				

学生交流，教师巡视。

师：我看同学们在小组内交流得非常热烈，下面我们选取你家中最有特点的一位家人来说说他像什么动物？哪里像？

出示思维导图：

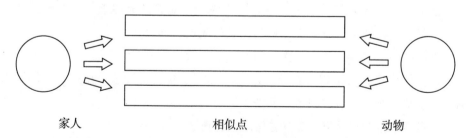

家人　　　　　　　　　相似点　　　　　　　　　动物

生：我的爸爸像一只猫，因为他白天喜欢睡觉，晚上就特别精神。

师：这是说爸爸的生活习惯与猫的生活习性相似。

生：我的妈妈平时很严厉，喜欢吃肉，我觉得我妈妈特像一只老虎。

生：我是一匹骏马，因为我跑得特别快。

生：我的弟弟像一只小猴子，他特别机灵，喜欢爬树，特别爱吃香蕉。

师：你的弟弟就像绘本中的祥太一样啊。

生：我的爸爸是名副其实的大老虎，特别爱吃肉，还喜欢发脾气。

生：我的姐姐真像一只树懒啊，整天在自己的房间里不出门，就连吃饭不叫她都不动，真是太懒了。

师：同学们，你们的家人真有趣！同学们看，多角度思考发现特点，并绘制思维导图能帮助我们明晰思路。

评析：利用思维导图，帮助学生打开习作思路，帮助学生在表达时思路清晰，从而提高学生思维品质清晰度。

（二）依据支架，学习表达

1.依据绘本支架，指导怎么写

师：怎么写呢？让我们再回到绘本故事中，请同学们读读这段文字，看作者是怎么介绍他的曾祖母的？

出示：最后，介绍我的曾祖母，阿花老太太。其实呢……她是只猫头鹰，总是打着盹，半睡半醒。虽然她平常只会说"啊"，"嗯"，只要和她在一起，大家都觉得很温暖，很祥和。她没有牙齿和嘴巴，笑起来呵、呵、呵的。

师：看看写阿花老太太这一段，都介绍了她哪些方面？

生：先写了曾祖母像什么，她像只猫头鹰，然后写了她哪里像猫头鹰，她总是打着盹，半睡半醒。

生：还写了和她在一起的感觉，很温暖。

师：这一段先介绍了曾祖母像什么，接着写她哪里像，最后写和她在一起的感觉。咱们再来看一段，这一段在介绍妈妈"爱洗"这一特点时，怎么写的？

出示：这是我妈妈，明美女士。其实呢……她是只大浣熊，不管看到什么东西，都马上收去洗。有一次，妈妈差点连我也一起洗了。

生：举了个事例，"有一次，妈妈差点连我也一起洗了"。

师：抓住妈妈"不管看到什么东西，都马上收去洗"这一特点，运用了事例"有一次，妈妈差点连我也一起洗了"。

2.指导学生如何写好（怎样更生动、有趣）

师：绘本的语言简洁，给我们留下想象的空间，这是绘本的特点。那么在我们的作文中怎样让人物更生动、有趣呢？我们来看两段文字，请同学们比较一下，你觉得哪段写得生动、有趣，为什么？

出示：

（1）妈妈是只爱唠叨的老母鸡，整天没完没了地唠叨。为了一件微不足道的小事，她能唠叨上很长时间。

（2）妈妈是只爱唠叨的老母鸡，整天没完没了地唠叨。哎，这不，她又悄悄推开我的卧室门，满脸慈爱地对她的"小鸡"说："小乖，作业写完了没有啊？检查了吗？刷牙了吗？快点儿洗脚吧，该睡觉了，要不，早晨又起不来了……"

生：第二段文字生动、有趣。因为妈妈说的话让人感觉特别有趣。

生：第二段与第一段相比，有动作描写，有语言描写，还有神态描写，所以语句更加生动了。

生：读了第二段中妈妈的话，我都想起我的妈妈了，特别形象。我妈妈也是每天在我耳边唠叨。

生：我觉得从第二段的语言、动作、神态描写中还能感受到妈妈对"我"的疼爱，而第一段就弱了一些。

师：看来同学们发现了让人物更生动、有趣的妙招，那就是用上语言、动作、神态等描写。

评析：此环节以绘本中描写曾祖母和妈妈的语段为载体，为习作搭建支架，梳理出如何写的方法；接着出示两个段落进行比较，指导学生运用人物的动作、神态、语言等描写方法使段落更生动、具体。

四、学生动笔写片段，教师巡视指导

师：下面就让我们试着来写写家里最有特点的家庭成员吧，写一段话，注意习作要求。

出示习作要求：

1. 语句通顺。

2. 抓住特点。

3. 运用事例，用上动作、神态、语言等描写。

教师巡视，个别指导。

五、师生交流，评议修改

（一）共同评改，学习方法

师：我看许多同学写完了，下面我们一起来交流一下，请刚才老师在本子上做了标记的同学到前面来与大家交流。请同学们认真听，看他写的片段是否做到了语句通顺，抓住特点，运用事例，用上动作、语言、神态等描写呢？

生：我的爸爸是只猫，他白天很懒惰，黑夜里却很精神，而且眼神特别好。有一次，我这只小老鼠又想去偷零食吃，爸爸正在床上玩手机呢。我拿到零食，爸爸已经在我身后了，他一把抢过我的零食，对我说："臭小子，我早就发现你了。"

师：哪位同学来评价一下他的作品？

评价要求	语句通顺	抓住特点	运用事例	用上动作、神态、语言描写
评一评				

生：我觉得他写得挺好，通过"我"偷吃零食这件事写出了爸爸眼神特别好这一特点。

生：我觉得第一句语句不是很通顺，我们可以这样改：我的爸爸是只猫，他白天很懒惰，夜里很精神，眼神还特别好。

师：棒极了，去掉这多余的关联词，让句子干净多了。

生：他运用了事例来写爸爸的眼神特别好，在对事情的描写上，我觉得可以再清楚一些，让人一看非常明白。比如，"爸爸正在床上玩手机呢。"前面可以加上"我偷偷瞄了爸爸一眼"，后面加上一句"我蹑手蹑脚地走到厨房"，这样就把"我"的活动也描写清楚了。

生："我拿到零食"后面还可以再加上一句"一回头，妈呀"，把"我"当时受到的惊吓写出来了。还有，在提示语的前面可以加上"得意扬扬"，让读者感受到爸爸的得意。

师：同学们评改得非常棒，请同学们看大屏幕，请这名同学再来读读我们一起修改后的片段。

生：我的爸爸是只猫，他白天很懒惰，夜里很精神，眼神还特别好。有一次，我这只小老鼠又想去偷零食吃，我偷偷瞄了爸爸一眼，他正在床上玩手机呢。于是我蹑手蹑脚地去厨房拿零食吃。我拿到零食，一回头，妈呀，爸爸已经在我身后了，他一把抢过我的零食，得意扬扬地对我说："臭小子，我早就发现你了。"

（二）方法迁移，同桌互评互改

师：在我们的共同努力下，这个片段比较完美了，下面请同学们运用刚才评改的方法，同桌相互评一评，并提出修改建议，修改一下自己写的片段。

评价要求	语句通顺	抓住特点	运用事例	用上动作、神态、语言描写
评一评	☆	☆	☆	☆

（三）改后交流，形成一篇完整的作文

师：我看大部分同学都已经修改完了，请下面几名同学来读读他们的片段。其实我们把片段组合起来，再加上开头和结尾，就是一篇完整的作文。老师来加开头和结尾，好吗？我家是个小小"动物园"，不信，你听……

生：我的爸爸那不是一般的狡猾，在我的家里很有名。你知道为什么吗？来，我马上告诉你。有一次，过年我得了许多压岁钱，数了数，一千多。爸爸看到了，眼睛骨碌碌地转着，走到我面前，对我说："儿子，你把钱给我吧，我给你保存着，我带你吃香的、喝辣的。"我相信了，结果，现在全没了。哎，怎么这么倒霉啊！这是啥？告诉你，这是只老狐狸啊！

生：我的妈妈是只大老虎。那次，我没写完作业，就看起电视来。正看得津津有味的时候，电视突然黑屏了。妈呀，原来妈妈正手叉着腰，虎视眈眈地看着我呢。"作业写完了吗？""还没，我想先放松一下不行吗？""都几点了，还不快写？"看她的架势，撸起袖子就要收拾我，吓得我赶紧往书房里跑。我妈妈像不像一只大老虎？

生：我的姐姐是只大白兔，爱干净，爱吃素。她的房间里东西摆放得整整齐齐的，地上连根头发都找不到。她不太喜欢吃肉，爱吃水煮青菜。其实我知道，她那是想减肥呢。

生：我的妹妹可以说是一个矛盾结合体，有时像绵羊，有时像猴子。为什么这么说呢？听我慢慢道来。有一次，妈妈带我们去公园，妹妹高兴极了，出门前乖极了，给妈妈拿这拿那，让她干什么就干什么。谁知到了公园，我的妈呀，她可真行，爬这爬那，一会儿这样，一会儿那样，累得我呀，腿都走不动了。

师：我来个结尾吧。我家这个小小"动物园"，是不是很有趣啊！欢迎大家来做客哟！

评析：此环节王老师以其中一名学生写的一段话为例，指导学生紧紧围绕习作要求进行评改。然后让学生运用学到的评改方法互评互改。改后王老师再让四名同学进行展示，并加上开头与结尾，这样一篇完整的作文就形成了。

六、方法迁移，拓展延伸

师：同学们，这节课我们练写了其中一位家庭成员，请同学们回家后把写的这个片段读给家人听，让他们评评你写得像不像，并用上本课学到的方法，把家里的其他成员也写一写，形成完整的作品，下节课我们来评一评，秀一秀。

总评：本课教学王老师充分考虑了学生习作心理和习作教学规律，习作定位准确，巧借绘本、思维导图做习作支架，注重习作评改，课堂趣味盎然，学生在愉快的氛围中练说、练写，从而轻松完成教学目标。

1. 习作定位准确

"小小'动物园'"是统编四年级上册第二单元习作的内容，在统编第二学段（三、四年级）教材中，共安排了四次写人习作。三年级上册第一单元习作是"猜猜他是谁"，要求选择一个同学，用几句话或一段话写一写他，让别人读了能猜出他是谁。三年级下册第六单元习作"身边那些有特点的人"要求抓住一个人的特点写。四年级上册第二单元习作"小小'动物园'"写自己的家人和哪种动物比较像，什么地方像，给家里每个人都写上一段。四年级下册第七单元习作"我的'自画像'"，写清楚外貌、性格、爱好、特长，可以用事例来说明。因此本次习作的定位是让学生为每个家人写一段话，展开想象，用几句话写清楚家人的特点。本次习作通过"小小'动物园'"这个话题来完成习作目标，从话题本身来看，充满情趣；从内容来看，通过人与动物的联结，其乐无穷；从情感上看，学生与家人和谐相处，满满的幸福。

2. 巧搭习作支架

本单元的习作是要求学生从不同角度找到家人和动物之间的相似性，从而进行联想，展开习作。王老师在课堂中巧搭支架，激发学生的习作兴趣，提高学生的思维品质，降低习作难度。一是以绘本为载体，巧搭习作支架。先是课堂伊始，由学生喜欢的非常好玩的绘本《我家是动物园》导入，激发兴趣，同时为学生打开习作思路奠定基础。再是指导"怎么写"时，借用绘本中写"曾祖母"和"妈妈"的两段文字，给学生搭建范文支架，通过"曾祖母"一段指导学生可以从"像什么动物""哪里像""感觉怎么样"三个方面进行构段，这也是将本单元的问题策略运用到习作课堂，通过指导学生罗列出这几个问题，构建习作提纲。通过"妈妈"那段文字总结出可以运用事例来介绍家人的特点。二是思维导图做支架。在分析妈妈和绵羊图中，帮助学生构建思维导图，从而引导学生从多个角度去思考家人与动物之间的相似点，也是完成从一句话到一段话的过渡。在交流、介绍自己家人时，出示思维导图，帮助学生构建清晰的思路。三是运用两段写妈妈的文字进行比较，构建习作支架，引导学生通过人物的动作、语言、神态等描写把段落写得具体而生动。

3. 注重习作评改

课堂上，王老师完成了"指导—练说—练写—评改"的习作过程，将习作实践扎扎实实地进行了落实，并注重习作评改的方法指导。学生实践练写之后，王老师以一名同学的一段话为例进行了习作评改的指导，先是指导学生紧紧围绕"语句通顺，抓住特点，运用事例，用上动作、语言、神态描写"四个方面进行评价，做到几个方面就得几颗星。接下来，根据评价情况进行修改。共同修改完一篇后，让学生进行方法迁移，同桌互评互改。让学生在同桌评价、作品展示中收获习作的快乐与成就感。

（此文2020年7月发表于《山东教育》，评析：董云峰）

下 篇

教学叙事：
教学的美好姿态

板书粘贴为哪般

　　本学期听了市、县几节小学语文公开课，发现了一个奇怪的现象：老师的板书被粘贴物所代替。贴点图画倒也不值得一说，有些老师甚至把总结的方法乃至板书都用打印出的字条粘贴到黑板上。我心中猜想，或许是老师的粉笔字拿不出手吧，再或者是为了节省时间。但这都不能成为不写板书的理由。

　　何谓板书？360百科中这样解释：从动态的角度理解，它是教师上课时在黑板上书写的文字、符号以传递教学信息、教书育人的一种言语活动方式，又称教学书面语言。从静态的角度理解，它是教师在教学过程中为帮助学生理解掌握知识而利用黑板以凝练、简洁的文字、符号、图表等呈现的教学信息的总称。这其中包含了板书的作用及目的。

　　小学语文课堂上的板书，我觉得除了有其他学科所具备的作用之外，它还有一个特殊的功能：范写。语文课上老师的一言一行都是在向学生做示范：你说的每一句话都是对孩子们进行口语的熏陶与浸染，你写的每一个字都是向学生传递如何写好字。试想，一个板书认真、规范、工整、美观的老师带出来的学生的字大部分也应该是认真、规范、工整、美观的。相反，老师平时在黑板上板书潦草、乱写一气，那他带出来的学生的字写得好的也不会很多，这正是一个老师的态度决定了班内大部分孩子对待学习的态度。

　　前面提到的一律用粘贴物代替板书的课堂，如果是基于自己的字不够美观，拿不出手而用粘贴物，那我觉得老师就该加强练字了。作为一名小学语文老师，如果不能讲一口流利的普通话，写一手好看的粉笔字，我觉得多少也是一种遗憾吧。当年的师范学校培养的老师的普通话、粉笔字还都是说得过去的，而现在的一些大学生由于没有经过专项的训练，在粉笔字方面就逊色不少。要想做一名合格的语文老师，练一手好字是非常有必要的。

　　如果是基于节省时间的话，我觉得就没有必要了。当然，每当上公开课时，总觉得时间不够用，自己设计的环节没有完成，怎样才能节约出点滴的时间去完成自己的预设，这些都是教师所考虑的问题。但是，我们也都知道，板书我们都要精心去设计，特别是公开课上的板书设计，更是精益求精，力求完美，这也是这堂课的精髓所在。所以，我们应该用心去完成，认认真真去板书每一个字、每一个笔画，为学生做好示范。

低年级的语文板书设计图文并茂，更利于激发学生的兴趣，也符合学生的认知特点，板画功夫好的老师可以直接板画，觉得板画功夫不行的老师可以适当粘贴图画，写字的话我认为还是老师板书为好。高年级的语文课堂，除了老师板书，还可以请学生到黑板上书写，这样效果也不错。

（此文2019年5月发表于《小学教学设计》）

好一只漂亮的小"鸟"

批阅了昨天晚上同学们写的家庭作业后，我顿时感觉自己欣慰了不少：这次作业的内容是写《识字2》中的3个生字："太""小""鸟"，通过作业的完成情况可以看出，大部分孩子已掌握"先看、再写、后对照"的写字"三步骤"，正确率高，笔画也流畅了不少。不过，美中不足的是大部分同学写的"鸟"字不够美观——第四笔"竖折折钩"写得不够舒展大方，以至于整个字显得不够端庄。

再次上课时，很有必要再讲一讲"鸟"的写法。我先用一支绿颜色的粉笔，在田字格里写下了第一笔"撇"，然后说："这个'撇'就像是鸟头上的一撮羽毛。"接着又拿起蓝色粉笔，写下了第二笔"横折钩"，并再次强调"横折钩"的"折"要写在竖中线右侧，"钩"要写在十字线的中心。

"'横折钩'就像鸟的小脑袋。那么这个'点'像是鸟的什么呢？"我用红色粉笔顺手写下了第三笔"点"。

"眼睛！"同学们的回答异口同声。

"大家的想象力真丰富！接下来再请同学们给我当个小老师，教教我怎样写第四笔'竖折折钩'吧！"

"'竖折折钩'的'竖'要写在竖中线左侧，'折'在横中线稍微靠下一点。"雨凝马上站起来回答。

"'竖折折钩'的第一'折'要写得宽一些，要不，这只'鸟'的身子和头就一样大了。"子腾的观察更细致，说话还挺幽默。

"那我就试着写一写了。"我说，"对啦，用什么颜色的粉笔来写呢？"

"白色的。"大家的意见竟然一致。是呀，一身白色的羽毛显得多纯洁呀。我郑重地写下了这一笔。

"还有最后一笔'横'了，写时需要注意什么呢？"

"'横'要长，舒展一些，就像鸟的尾巴一样。"墨宁的比方真恰当。

"用红颜色写吧！写出来肯定好看。"予焓补充道。

"就照你们说的写！"

我刚写完，性急的子腾就喊了起来："好一只漂亮的小'鸟'！"听子腾说完，同学们也跟着喊起来。看黑板上的"鸟"五颜六色，确实非常好看。我赶紧趁热打铁，说："老师相信同学们写的'鸟'会更漂亮，请大家赶紧试一试吧！"

孩子们马上带着一脸的喜悦认真地写起来。瞧，一只只漂亮的小"鸟"从孩子们稚嫩的小手中诞生了！

（此文2009年7月发表于《山东教育》）

哭泣的板凳

　　星期二课外活动时，我到教室巡视孩子们的课外读书情况。忽然，在教室后面有一个三条腿的板凳横在了我的眼前，我心想：是哪个调皮鬼把这个板凳弄坏了？哦，或许是自然损坏的呢，明天拿到总务处，让后勤的老师修一修吧。可是第二天，由于我外出听课，这件事就被搁置了下来。

　　星期四，我听完课回来，一进教室便目瞪口呆了：前天那个三条腿的凳子现在已面目全非，凳面与凳腿彻底"分家"，而且凳子腿被全部"肢解"。望着这个完全瘫痪的板凳，我的大脑顿时一片空白，感觉从头到脚都像被泼了一盆冷水——这就是我平日苦口婆心的教育结果？怎么办？疾言厉色地狠狠训一顿，似乎管用，他们在听我训话的时候，都会低着头，一副忏悔的模样，可过后不久依旧如初；置之不理，那怎么可以呢。

　　我呆呆地望着这"堆"可怜的板凳，正不知如何是好时，几个调皮的学生却没有觉察到我的不悦，凑过来叽叽喳喳："哎呀，这个板凳怎么了？""我知道，是蔡宇他们弄的。""他们拿着板凳打架，最后四分五裂了！"……"哎呀，快走快走，老师哭了！"哭了？我哭了吗？我赶紧用手一抹眼睛，果真有点湿！我……对，就这么办！转念间我拿定了主意。

　　"嘘——同学们静一静！我好像听到了一阵阵的哭声，你们听到了吗？"我面向那个"残疾"的板凳侧起耳朵，故作神秘地说。

　　孩子们一下都愣住了，他们还没有弄清我的真正意图，一个个都瞪大了迷惑的眼睛。

　　"噢，原来是这个'残疾'的板凳在哭啊！同学们，你知道它为什么会哭吗？"我非常"惊讶"地说。

　　这回大多数同学一下子就明白了我的葫芦里卖的是什么药，纷纷开始举手发言。

　　"它被几个同学'五马分尸'了，难过地哭了。"

"它成了'残疾'的板凳，觉得自己再也不能为同学们服务了，所以伤心地哭了。"

"它整天默默无闻、辛辛苦苦地为同学们服务，到头来却得到了如此下场。它觉得悲愤异常，所以就哭了！"

这时，我发现那几个"肇事者"都红着脸，低下了头。"那同学们能安慰一下这个板凳吗？"我赶紧转移了话题。

"好板凳，别哭了。我们一定会让你'恢复健康'的！"

"现在我们才懂得板凳也有生命、也有感情。你们放心吧，今后我们一定会把你们都看作自己的朋友，去关心你们、爱护你们！""肇事者"之一邵宁也表了态。

……

听着孩子们动情的发言，我的眼眶又有些湿润了。我还需要再说些什么吗？运用智慧教育孩子，比一味的苦口婆心和疾言厉色的教育有效！

（此文2009年3月发表于《山东教育》）

"向'糟老头'学习亏不亏"引起的

　　课间，我在教室批阅学生的作业。当最后一本作业快要看完的时候，芦姝悦笑着跑到我面前，说："王老师，你知不知道庄佳伟提了个好玩的问题？""什么问题呀？""孔子跑那么远的路，去跟一个70多岁的糟老头子学习，亏不亏呀？"笑得芦姝悦前仰后合。站在旁边的几个同学都跟着哈哈大笑起来，并且嘴里嚷着："糟老头子，哈哈，糟老头子，庄佳伟把老子称为糟老头子，哈哈……"

　　走在去办公室的路上，大头娃娃庄佳伟的形象一下子在我脑海里浮现出来。庄佳伟读书多，头脑灵活，但是却懒得要命，作业能写完就得谢天谢地，如果写得认真的话，我会比自己得了奖都高兴。他写的日记也是与众不同，能把自己上茅厕拉屎的故事写得津津有味。所以，他能提出这样的问题一点儿也不足为奇。

　　我早就得知他是父母年龄比较大了才得到的宝贝，所以父母特别宠爱他。二年级的时候，每天都是妈妈陪着他一起写作业，现在只要妈妈不陪，作业就完成不好。哎，这个孩子还真让我头疼，现在提了一个这样的问题，哎……

　　回到办公室，边备课边想庄佳伟提出的这个问题，我该怎么解决呢？在我梳理学生自主学习时提出的问题的时候，发现大部分同学提了同样一个问题：孔子学问已经非常渊博了，为什么还要去拜师呢？在仔细研读教材的时候，我忽然顿悟：我完全可以利用这个问题帮助学生了解老子这个人物形象，一是让老子的形象更加饱满；二是让这一问题的主人有个满意的答案；三是对这个孩子来说也是一次德育教育。今天下午还有一节课，就和大家一起交流这个话题吧。

　　中午，我布置回家的同学收集老子的有关资料，为下午的课做好准备。对此，我也做足了功课，并且做了一个精美的PPT《认识老子》。班队会上，我和学生一起交流了孔子，同学们谈了很多，还背出了《论语》中的许多语句。

接下来，我话锋一转: "那么我们学的课文中的'老子'是不是糟老头? 孔子走那么远的路向他学习到底亏不亏?"为了便于孩子们交流，我这样引导:

"课前同学们查阅了资料，谁来谈谈你对老子的了解?"

"老子即李耳，是中国古代伟大的思想家、哲学家和道家学派创始人。他著有《道德经》，是世界百位历史名人之一。"

"我知道李耳为什么叫老子，相传他一生下来就有白眉毛、白胡子，所以叫他老子，他生活在春秋时期。"

......

"那么在《孔子拜师》一文中写老子的句子有哪些? 你从中读出老子是个怎样的人呢?"

"我觉得老子是个非常有礼貌的人。我是从'在洛阳城外，孔子看见一驾马车，车旁站着一位七十多岁的老人，穿着长袍，头发胡子全白了，看上去很有学问'这里读出来的，他知道孔子要来，特地出来迎候，多有礼貌呀。"张敏琦侃侃而谈。

"老子还是个非常谦虚的人。我是从'老子说: "你就是仲尼啊，听说你要来，我就在这儿迎候。研究学问你不比我差，为什么还要拜我为师呢?"'这句话里看出来的。"乔一辰这段时间回答问题特别棒。

"'老子也把自己的学问毫无保留地传授给他。'从这句话中我能感受到老子是个大公无私的人，他能把自己的知识一点儿也不保留地传授给孔子。"

大公无私用在这里似乎不太合适，但是我相信此刻老子的形象在他们头脑里应该立体起来了。

接下来的时间，我给学生播放了《认识老子》幻灯片，孩子们都睁大了眼睛，当放到《道德经》的时候，孩子们跟着诵读起来。

"那庄佳伟同学，你现在还觉得老子是个'糟老头'吗?"

"不觉得了，他是一个挺伟大的人。"

"这么有礼貌、这么谦虚、这么有学问的老人，我们称他'糟老头'是不是太不尊重他老人家了?"我顺势而问。

"是。"同学们异口同声。

"那孔子不远千里去向他学习，你说亏吗?"

庄佳伟摇了摇头。同学们会心一笑。

"不过，王老师还是要感谢你提了这个问题供大家讨论，希望你能继续发挥你聪明脑袋的潜力，提出更好的问题。"

这时，下课铃声响起，我迈着轻盈的脚步走出教室。

我很庆幸自己没有将学生提出的这个问题一棍子打死。这名学生提出这个问题本身或许没有什么恶意，但是分明能感受到他对老子的不屑一顾，通过这节课的补救，学生对老子有了更深入的了解，同时对学生进行了一次德育教育。

巧借课堂生成，教学生查字典

　　昨天上课没处理完《画家和牧童》这篇课文，留下了一个小尾巴：练习分角色读好人物对话。所以今天上课伊始，我便领着孩子们兴味盎然地读起来。有几个孩子的语气读得相当不错，只是芦子涵在朗读"两牛相斗的时候，全身的力气都用在角上，尾巴是夹在后腿中间的"这句时出现了一个字音问题："夹在"的"夹"（jiā）读成了（jiá）。一个学生指出来之后，同学们出现了分歧，有的说读一声，有的说读二声。到底什么情况下读一声，什么情况下读二声呢？我何不借这个机会让孩子们自己查字典呢？

　　现在孩子们已经能用音序查字法和部首查字法查字典，可是根据意思来判断读音问题学生不知怎样解决。于是，我让孩子们拿出字典，一起开始查"夹"这个字在这儿到底读什么。不一会儿，有的同学就说查到了，我走过去一看，只是找到了"夹"（jiā），我便问："这个字有几个读音呢？"有的说两个，有的说一个，看来同学们并不知道怎么看。我只好示范，把字典放在实物投影仪上，指着"另见gā；jiá"问道："'夹'有几个读音？分别是什么？"这样一来，孩子们就知道这个字原来有三个读音，并且知道从哪儿看有几个读音了。

　　"那么让我们一起来看看读一声时是什么意思？"我把字典往上移了移，把字体放大，一点一点地给孩子们说："看，黑的圆圈里的1、2、3、4表示的是夹读一声时有几个意思，同学们看一看有几个意思呢？"

　　"四个。"

　　"那分别是什么意思呢？找个同学来读一读。"

　　指名读。

　　"谁还有不懂的？"

　　"这个小蝌蚪一样的符号表示什么？"

　　"是'夹'这个字。每个意思后面是举的例子，是告诉我们这个字在这个例子中是表示前面的意思的。"

"那么读二声时是表示什么意思呢？让我们翻到'jiā'那一页。我想考考同学们会不会读字典了，谁来说说读二声时表示的意思？"

"是双层的意思。"

"那么你能说出几个表示双层的意思的词语吗？"

"夹袄、夹被。"

看来，孩子们已经会读了。"那么在咱们刚才读的句子中，应该是一声还是二声，为什么呢？"

"我觉得应该是一声，在这里的意思是后腿夹住尾巴，让其不动，所以应该读一声。"

"同意吗？"孩子们使劲地点头。

"多音字是我们读书时经常遇见的，在我们拿不准的时候，别忘了让字典来帮助我们。"

半节多课就这样过去了，新的内容也没法再进行了。不过，这节课，我觉得"浪费"得值！

由"这个问题价值不大"引起的

"王老师，刚才蔷薇跟我说上语文课她提了个问题，你没给她解答，还说思考价值不大，气得她直说恨你呢。"樊老师（我班的数学老师）上完课后跟我交流道。经樊老师这么一说，我的思绪一下子回到了刚才的语文课堂上。

今天上午第一节课我们学习的是《爱如茉莉》这篇课文，教学目标之一就是让学生通过细节描写能体会到：真爱就如平淡无奇的茉莉，真爱就在生活的点点滴滴之中。课堂上，我引导学生找出文本中哪些细节能体会到"真爱如茉莉"时，有一名同学抓住了课文的第8自然段"然而，爸爸没有吃我买的饺子，也没听我花尽心思编的谎话，便直奔医院。此后，他每天都去医院"中的"直奔"体会到爸爸是那么地爱妈妈。这名同学说完后，蔷薇提出了这样一个问题："前面课文第7自然段中妈妈不让映子告诉爸爸她住院了，要等他吃完水饺再说，那么爸爸是怎么知道妈妈住院的呢？"

这个问题一抛出来，许多同学都发挥想象，争先发言，不过说实话，当时的我认为这个问题与本文的关系不大，如果在这个问题上纠缠不休的话，我的教学目标可能完不成。于是我耐着性子听了两名同学的想象："我觉得当时爸爸看到饺子不是妈妈包的，而是女儿买的，肯定产生怀疑，女儿不得不告诉他。"这个回答讲得过去，可是看到蔷薇的脸上仍充满着疑惑，她又嘟囔道："可是妈妈不让映子告诉他呀。"我随口说道："这个问题思考价值不大，课下你可以自己想象一下当时爸爸是怎么知道的。"就这样，课继续进行，只是好像再没听到爱发言的蔷薇发言了。

现在想想，她还钻在那个牛角尖里没出来呢。她可是名个性十足的女孩，稍不如意就马上表现出来，看来没在语文课堂上刨根问底，终究是不如意，只好向紧接着来上课的数学老师表达她的强烈不满了。想到这里，我笑了笑，我该怎么做呢？我说的"这个问题思考价值不大"看来的确伤害到这个敏感的女孩子的心了，怎么弥补呢？

第四节课又是语文课，我笑盈盈地走上讲台，目光掠过每位孩子，说道："上节课蔷薇同学提了个问题，还记得吗？请蔷薇站起来重复一遍好吗？"蔷薇站起来说了一遍，我走到她跟前问道："有没有搞明白呢？"她耸了耸肩膀，摇了摇头。"那么，这节课让我们充分来想象一下当时的情景，把第8自然段描述得更具体一些好吗？"我提议道。

于是，小组内的同学热烈地讨论了起来。不一会儿，一些同学举起手来了，来听听瑞雪的吧：

"我听从妈妈的吩咐，在超市给爸爸买了水饺，等爸爸回来煮给他吃。爸爸终于回来了，我急忙跑到厨房下水饺，爸爸走进厨房，问道：'你妈呢？'

"'我妈去姥姥家了。'

"'哦，那我给她打个电话，让她回来吧。'

"'不用，爸，你吃了水饺再打吧。'

"不一会儿工夫，我把水饺端到餐桌上，爸爸一看，就急切地问我：'你妈妈怎么了？'

"'没怎么呀。'

"'不可能，告诉我，这不是你妈包的水饺。映子，告诉爸爸，你妈妈是不是生病了？'

"看到爸爸那急切的样子，我终究没能完成妈妈的嘱托，告诉了爸爸。爸爸没听完我的话，便直奔医院。"

瑞雪讲完后，蔷薇终于按捺不住了，她用甜甜的声音向大家讲述了起来：

"我从医院赶回家，顺路买了点水饺准备给即将出差回来的爸爸煮煮吃。打开房门，爸爸已经回来了，看到我就问：'你娘俩干什么去了？'

"'哦，我和妈妈逛街去了，她又遇到了一个老同事，还在那儿逛呢。让我回来给你下水饺吃。'

"'你妈包的饺子最好吃了，出差好几天还真想吃呢。'

"'那我给您煮去。'我拿着买回来的水饺往厨房走去。

"'怎么买的水饺呢？'爸爸疑惑地问。

"'哦，妈妈逛街累了，不愿动手包，所以就买了点。'

"'映子，不可能，你妈可不是那样的人，多少年了，她总是亲手给我包饺子吃。你妈妈呢，她到底怎么了？'

"'真的没什么，你先吃饺子吧。'

"'不行，我吃不下，你不告诉我，我心里着急啊，好孩子，你总不能让

爸爸急得犯心脏病吧。'

"真没办法了，我只好告诉爸爸了。爸爸一听妈妈住院，连衣服也没换，就直奔医院。"

等她说完，我摸了摸她的头，说："现在明白了，不恨我了吧？"她吐了吐舌头，笑了。

这个自然段这样处理，单不说让学生进行了一次扎扎实实的语言实践练习，我仔细一琢磨，这对于文本的主旨也起到了深化的效果。谁说这个问题思考价值不大的？

这次事件让我明白了：孩子们提出的问题一定要认真对待，不能轻率地一带而过，保护孩子的好奇心和求知欲是我们的责任。同时，我感到，老师要想让课堂生成更精彩，必须潜心研读教材，真正做到尊重学生才行。

理解词语很精彩

——《小稻秧脱险记》教后记

到了中年级，培养学生理解词语的能力成了教学中的重点。通过期中诊断性测评来看，词语理解是学生错得最多的地方。其实在课堂中教学生理解词语的方法有很多，学生也能谈出很多，如查字典、联系上下文、拆字法等，可是到了实战中，许多学生就不会举一反三了。在学习《小稻秧脱险记》这篇课文时，我以理解词语为切入点，采用自主、合作、探究的教学策略，使学生在品读相关语句的过程中，既理解了词语，又指导了朗读，关键是让他们在潜移默化中懂得了怎样理解词语。

《小稻秧脱险记》是一篇科普性童话故事，很适合学生阅读和欣赏，整篇课文富有童真童趣，将科学知识寓于童话故事之中，有着生动的语言、个性的对话、有趣的情节。针对本篇课文的特点，如何采用自主、合作、探究的学习方式来学习呢，非得有一个合作探究的问题才行吗？我认为只要学生能动起来，那应该就是一堂好课吧！

在学生汇报完自学生字词、课文朗读以及课文初读感知情况以后，我向学生抛出了一个问题："读了课文，有哪些不理解的词语？你能运用以前的方法来理解它们吗？"学生开始默读课文，标画出自己不懂的词语，只见有的同学拿出了字典，有的同学在那儿一遍遍地读词语所在的句子，有的和小组内的同学讨论了起来……

"请小组内的同学先来交流一下，说说你采用什么方法读懂了哪些词语？还有哪些不懂的和其他成员一起交流一下。"我边走边听同学们的交流，不时插上一两句，待讨论得差不多时，便组织全班进行交流。

"草莓智慧星"小组上场了，1号同学说："我开始不明白'不由分说'和'一拥而上'这两个词语的意思，我通过读这两个词语所在的句子，现在弄懂了。"

我并没有急于让他来解释，而是对他说："你能读一读这两个词语所在的句子吗？"

"这群杂草不由分说，一拥而上，拼命地跟小稻秧抢营养。"

2号同学补充道："不由分说就是不容许争辩。"

"那文中是指谁不容许谁争辩呢？"我又插了一句。

"文中是指杂草不容许小稻秧说话，就去抢小稻秧的营养。"

这个词语同学们通过读句子，理解了。

"那一拥而上呢？"

3号同学抢答道："一拥而上就是呼啦一下子全都围上去了。"

4号同学接着跟上："文中就是指杂草们一起拥上来和小稻秧抢营养。"

像这种结合语句让学生理解词语的方法在以前的教学中我经常采用，从该组同学的汇报中可以看出同学们已经会用这种方法理解词语了。

"还有哪个小组来汇报你们读懂的词语的意思？""阳光"小组自信地走上讲台，组长开始发言了："我们小组通过讨论理解了'蛮不讲理'的意思。"

"我来给大家读一读。小稻秧望着这群蛮不讲理的杂草，说：'我刚搬到大田来，正需要营养，怎么可以交给你们呢？'"

2号同学紧接着说道："我们发现想要理解这个词语，只读这个词语所在的句子还不行，还需要联系上一自然段才行。"

3号同学补充说："我来给大家读一读第1自然段。一天，水稻田里发生了激烈的争吵。一群杂草把小稻秧团团围住，气势汹汹地嚷道：'快把营养交出来！'"

"结合上文，蛮不讲理就是不讲道理。""那杂草怎么不讲道理呢？"我及时点拨道。"杂草把小稻秧团团围住，想抢它们身上的营养，太不讲道理了。"

"是啊，我们在理解这一词语的时候，注意联系上文，也就是上一自然段来帮助我们理解词语。"

坐在下面的志栋站了起来："老师，你说这个句子中的'气势汹汹'是什么意思？"

"我觉得是很生气的意思。"亚齐站起来自信地说。

"有不同意见吗？"

"我觉得不是，我查过字典，字典上的解释是：气势盛大的样子，形容气势凶猛。在文中我觉得应该是指杂草气焰嚣张，根本没把小稻秧放在眼里。"小乐站起来说得头头是道。

"你理解得非常好，先查字典，然后结合课文内容来理解词语。你真棒！"

"那谁能把杂草的蛮不讲理、气势汹汹读出来呢？"只见小手如林，经过理解词语之后，学生读起来可谓是有模有样，老师不需再过多指导了。从该组的汇报情况来看，小组成员之间的合作已经比较默契了，他们一个个充满自信地发表自己的意见，下面的小组也及时地评价、补充，没想到孩子们的汇报如此精彩。

仔细想想，有时我们真得相信学生的能力，不要低估他们，采用合作、探究的学习方式恰恰能把孩子们的这种潜力最大限度地发挥出来，在汇报中、在展示中，老师及时捕捉课堂生成点，会让我们的课堂更精彩！

这堂课上，我和孩子们还一起理解了"有气无力""脸色蜡黄"等词语，同学们学得都很快乐，读书也特别有感情，我觉得这种课堂学生从中会受益很多，课堂因生成而精彩！

冷场之后的思考

——兼谈《狼牙山五壮士》的教学

今天我将和孩子们一起学习《狼牙山五壮士》。

本单元的主题是"勿忘国耻"，本篇课文主要讲述的是抗日战争时期，八路军某部七连六班五个战士，为了掩护群众和连队转移，诱敌上山，英勇杀敌，最后把敌人引上狼牙山顶峰，英勇跳崖的故事，表现了五位战士热爱祖国、热爱人民、仇恨敌人、勇于牺牲的精神。

昨晚让孩子们根据自主学习卡进行了预学，交流前面几个环节"我会读""我会写""我会查"时，学生表现得可圈可点。小组汇报朗读课文正确、流利，生字书写正确，部分学生写的"葛"不够美观，进行了指导。我期盼着和孩子们一起走进这篇课文，和孩子们一起领略五壮士的风采。

我深知孩子们的预学往往是只注重读、写的，对于与课文内容有关的问题是不会做深入思考的，所以我给孩子们在课堂上留出了足够的时间来完成预学中提出的问题。自主学习卡上的问题是"默读课文，边读边画出使自己感动的语句，并在书旁做批注，反复朗读，读出感情"。在学生自主学习之后，小组内交流，然后小组汇报。

小组汇报时，第一个小组直接汇报第3自然段"引上绝路"这一部分。没关系，我可以引导学生抓住"斩钉截铁"这个词语体会班长马宝玉态度之坚决、决定之果断以及战士们自我牺牲的精神。然而尴尬的场面出现了，冷场了，怎么办？这时恰好下课铃声响了，我和孩子们约好下节课继续进行这篇课文的学习。

回到办公室，我及时调整了教学设计。

首先是中心问题的设计：原先的问题"默读课文，边读边画出使自己感动的语句"太笼统了，中心问题的设计指向性要强，让学生一下子就能抓住文章的重点才行。思索良久，我把学生思考的中心问题改为："边读边画出表现五壮士英勇顽强、勇于牺牲的语句，并写写自己的感受。"

其次是这篇课文是按照事情发展的顺序来记叙的，所以不能先从中间或后面来进行汇报，要根据接受任务—痛击敌人—引上绝路—顶峰歼敌—英勇跳崖的顺序来进行交流汇报，这样，学生对于课文的叙述顺序才不会只停留在整体感知层面。

再次是教师的点拨要及时、到位。虽说我们要关注学生自学能力的培养，但是学生的年龄特点、认知水平毕竟有限，所以教师的点拨显得非常重要。在第一课时学生出现冷场，与老师不能及时点拨、引导是有很大关系的。如第2自然段"痛击敌人"这一部分时，老师在学生交流到五壮士的表现时，及时点拨："从这些句子中，你能感受到这五壮士什么特点？从哪些词语感受到的？能把描写人物特点的句子读出来吗？"在一连串的追问中，加深了对课文的理解，升华了五壮士的精神。

最后是渗透本文的写作特点。本文的写作特点主要有：按照事情发展的顺序来写；突出人物特点与中心的部分详写，其余部分略写；抓住人物的动作、神态、语言写具体；多个人物出现时突出重点人物，兼顾其他人物的特点。根据孩子们的认知水平，第一点和第三点在前面学过的多篇课文都有接触，第四点简单一说即可，均不作为本文学习的重点，而第二点是学生在《落花生》之后接触到的应该是第二篇这样的文章，所以把这一点作为学习表达的重点。为了突破这一重点，在理解完课文内容之后，让学生看着板书，说说哪部分是详写，哪部分是略写。再有就是结合课后第4题引导学生来谈谈"课文中两次讲到完成掩护任务，哪一次是作为重点来写的，为什么这样写"，从而让学生了解到与课文中心有关的内容要详写。

再去上课时，老师有底气了，孩子们的思维活了。

精心解读文本是多么重要！

质疑，让学生互动起来

到了五年级，感到学生越来越棒了。学生在展示课上能大大方方地发言、补充、交流了，并且不少时候还出现"生生思辨"的场景。每当看到这种场景，我就会由衷地感谢生本，是生本，让学生变得如此精彩。

在本学期的课堂汇报中，我着重训练学生的课堂提问能力，开始的时候，学生并不能很好地把问题融入汇报中，仍需要我去提示。每逢遇到这个时候，我总会说："如果你有什么问题，可以直接提出来，让同学们进行回答。"当然提问的同学可以是汇报的小组，也可以是下面的同学，几次之后，聪明的同学们就能很好地提问了，有时候，提出的问题是我没有预设到的。在学习《黄山奇松》这篇课文时，在检查完预习情况以后，我以课后练习第4题"默读课文，说说黄山奇松'奇'在哪里"作为核心问题让学生自学、讨论。在小组内充分交流完以后，我叫上了第六组和大家一起交流。这个小组在汇报的时候分工明确，重点抓住课文第2自然段来和同学们一起谈感受、朗读，可以说汇报得比较到位。其中在3号鹏飞同学汇报到"送客松"时，顺便向大家提出了他们小组不明白的问题："我们都知道盆景都是在家里或是温室里，这里为什么游人把送客松比作'天然盆景'呢？谁能来帮我们解答这个问题？"

同学们思考了一会儿，小乐站了起来：

"我觉得盆景一般情况下应该是挺漂亮的，工人们会把它们修剪得整齐、美观，这里游人把送客松比作'天然盆景'是为了说明送客松的整齐、美观。"

"我同意小乐的说法。盆景是人们经过匠心独运、精心雕琢而形成的艺术品，游人把送客松比作'天然盆景'可以让我们感受到送客松的精致，就像是经过雕琢的艺术品一样。"紫藤站起来补充道。

"是啊，他们小组提出的这个问题让我们对送客松的'奇'又有了更深一步的了解。让我们把掌声送给他们。"我及时总结道。

他们小组汇报完了第2自然段之后，我又问："你们还从哪些句子中感受到黄山松的'奇'呀？"

"我从课文的第3自然段还能感受出黄山松的千姿百态。我来给大家读一下。我想问大家，这段中省略号省去了许多的姿态，请同学们发挥想象，黄山松还可能有什么姿态？"声音柔美的田润同学问道。

"有的酷似美丽的凤凰。"

"有的犹如顽皮的猴子。"

"有的如同凶猛的狮子。"

……

一向爱问问题的泽田又站了起来：

"同学们看看最后一句话：'它们装点着黄山，使得黄山更加神奇，更加秀美。'这里的'装点'能否改成'点缀'呢？"

"我觉得不能。我感觉'装点'比'点缀'更能突出黄山松的重要性，黄山正因松的千姿百态才更加秀美、神奇。"

"我也是认为不能，'点缀'给我的感觉像是陪衬一样，而'装点'就有不一样的感觉了，它更能说明黄山上松树的作用不可替代。"

"的确如此，同学们说的都有道理，看来你们真的是走进文本了。"

孩子们挺厉害的，通过语言文字的推敲也能自己提出问题了，这源于对学生质疑习惯的培养。孩子们有了质疑的习惯之后，自主读书的积极性提高了，他们在预习的时候把自己不懂的问题随时记录下来，然后在课堂上与大家交流。解决问题的能力也提高了，能解决别人提出的问题也是一件非常自豪的事情呢。

课堂上你问我答，出现了"百花齐放"的可喜场面！简单的问题小组内解决，直指文本重点、难点的问题大家一起讨论、交流，这样的课堂真正做到了"以生为本"。

弄"拙"成"巧"

——《我的战友邱少云》教后记

《我的战友邱少云》是一篇略读课文，这篇课文记叙了邱少云从隐蔽潜伏到在烈火中壮烈牺牲的经过，赞颂了邱少云为了战友的安全，为了战斗的胜利，自觉严格遵守纪律而英勇牺牲的伟大精神和钢铁般的坚强意志。

根据以前教学略读课文的模式，先让学生读阅读提示，然后带着阅读提示中的问题再去读书。这篇课文也不例外，我先让学生独立思考、合作交流之后，师生一起来讨论。刚开始讨论的时候，我一下子觉得自己犯了一个错误，那就是阅读提示中的问题都是一些局部性的，没有引领学生进行整体感知的"大"问题。少了整体感知，总觉得不是一个完整的学习过程，总不能处理完了这些细枝末节的问题再来整体感知吧。我的内心正在矛盾的时候，学生已经开始踊跃发言了。

"我来说说火是怎样烧到邱少云身上的。"快嘴刘杰抢着说，"排炮过后，敌人竟使用了燃烧弹，他们附近的荒草着火了。火苗子呼呼地蔓延着，烧得枯黄的茅草毕毕剥剥地响。这时，火就烧到邱少云身上了。"

"我再来补充一下。"刘杰刚说完，他的"冤家对头"陆伟也开了腔，"到了中午，敌人突然打起炮来，炮弹一排又一排，在邱少云他们附近爆炸。显然，敌人已经感觉到他们的前沿阵地不太安全了，可是没有胆量冒着我军的炮火出来搜索，只好把看家的本领'火力警戒'拿出来了。"

接着一个又一个的问题被同学们热烈地讨论着。在读最能表达人物思想感情的句子的时候，学生更是激情澎湃。

处理完这些问题，我刚想问这篇课文讲了怎样的一件事的时候，程鹏站起来：

"老师，我有个问题不明白，文中写烧得茅草毕毕剥剥地响，又有浓烟，邱少云为什么不滚一滚呢？敌人在有浓烟的情况下，是不会发现他的。"我没有直接回答，而是让学生自己读书去解决。

通过深入读书，有的同学是这样解释的："通过读课文的第3自然段，我们知道敌人就在他们前面几十米的地方，他们必须纹丝不动才行，咳嗽一声或者蜷一下腿，都可能被敌人发觉。虽然有浓烟，但如果邱少云滚一下，万一被敌人发觉，那他们不就前功尽弃了吗？"

"从这里我们也更能体会到邱少云高度自觉遵守纪律的崇高品质。"另一名同学站起来补充道。

"一石激起千层浪"，解决完这个问题之后，又有不少同学提出了许多问题：

"'我'忽然闻到一股浓重的棉布焦味，敌人离他们也很近，为什么敌人没有发现他们呢？"

"炮兵就不怕被敌人发现吗？"

"为什么要等到天黑才和敌人开始决斗呢？"……

一个个问题被提出来了，一个个问题又被同学们自己解决了。等解决完这些问题，还有必要再按照我的预设去进行吗？没有！这节课本来以为"坏了"，忘了进行其中的一个重要教学环节，但没想到课堂上生成的效果比预设的要好得多。

收 获

开学第一天，走进种植园，看到一片生机盎然、蓬勃向上的景象：在种植园的西侧有着一片亭亭玉立的玉米秆，上面结了一个个喜人的玉米，小魏老师直喊着要掰几个煮煮吃；黑豆、绿豆、红豆秸长得已过膝盖，零零散散地挂着一串串豆荚；这边的花生长势喜人，小芳老师顺手一拔，地下的花生顺势跑了出来，扒开一看，已接近饱满；那边的地瓜秧长得实在是茂盛，胜影老师拨开一看，告诉我："看，已经撑开地皮，下面已经长地瓜了。"哦，原来是这样，这是以前的我不知道的……

午餐时，赵校长说："你们种的玉米丰收了，明天领着学生去掰玉米，然后让食堂煮煮，过个收获节吧。"

第二天早读时间，五（1）班、五（2）班的同学排着整齐的队伍去种植园收获玉米。看，前面的几个同学手中端着食堂里盛菜、盛粥的桶，那架势看上去要行军打仗似的。看着等待收获的玉米，同学们都跃跃欲试。我先请胜影老师给同学们讲讲怎样掰玉米，虽说都是农村的孩子，但在班里调查的时候，掰过玉米的孩子却是极少的。等示范完毕，一个个都迫不及待地干了起来。玉米地面积虽小，但是孩子们很会合作，有掰的，有递的，有运的，他们干得不亦乐乎，脸上洋溢着丰收的喜悦。半个小时之后，任务完成了。

回到教室，我趁热打铁，让孩子们把自己刚才掰玉米的体验说一说，然后写下来。

一节课后，孩子们送给我别样的惊喜：每名同学的习作都有可圈可点之处，彻底突破了以前写不具体的瓶颈。我忍不住把他们的精彩语句敲打下来，一起分享。

我也不甘落后，勇往直前。忽然，我看到了一个饱满的玉米在向我招手，并听到它在呼喊我的名字，我想：就你了！便上前去掰，我一手抓住秆，一手抓住玉米中间，一掰，"咔"的一声，轻而易举地掰下了那棵玉米，扔手榴弹

似的扔到了大盆里，然后继续投入"战斗"。　　　　　　　　　　——王超然

我心想：你这个淘气的玉米，不想让我掰下来，休想！我没吃过猪肉还没看过猪跑吗？

玉米心想：你是猴子派来搞笑的吗？我仿佛看出了那些玉米在议论纷纷，一只玉米说："哎哟，这个熊孩子，难道不会尊老爱幼吗？我的老腰啊。""就是，就是。"其他玉米应和道。　　　　　　　　　　——冯子朔

不一会儿，盆里的玉米像被挤在了公交车里一样，你拥我挤的，老师见了，就找了两个同学把玉米们送进了厨房。

老师找了几个同学给玉米脱衣服，在露出玉米黄澄澄的身体时，玉米的头发就掩盖住了玉米的身体。

带走大盆的时候，玉米像舍不得玉米地一样，从盆里跳了出来，其他的像救跳出来的第一个玉米似的，又有几个紧随其后。　　　　　　　——王亚琼

走到半路，王超然手一滑，玉米们都蹦蹦跳跳地跑了出来，我们急忙蹲下身，把"跑"出来的玉米捡了起来，又走了一会儿，这些"大胖小子"又跑了出来，我们只好又去捡。　　　　　　　　　　　　　　　　　　——耿浩然

我一步跨过围栏，直冲玉米，我瞅准了一个又粗又壮的大玉米，抓住玉米秆，一把抓住大玉米，向下一拽，一个玉米到手了。我继续热火朝天地干起来。一个意外发生了，我辛辛苦苦掰的玉米掉到了地上，想伸手去拿，可是前面却有一个"敌人"，一个不会手下留情的拉拉秧，挡在我的面前。我犹豫不决，到底要不要去拿？玉米像是在嘲笑我胆小怕事，不敢拿它怎么样，竟悠闲地在阳光底下晒起太阳来了。我再也不能容忍了，不管三七二十一，伸出手快速地抓住它，拿了回来，手还是被划到了，又疼又痒。　　　　　　——邢淑佳

短短半个小时的劳动，同学们不仅体会到了农民的辛劳，也为自己收获了珍惜和合作的宝贵品质。

下午，全校师生一起过收获节。喷香的、甜甜的玉米味飘满整个校园……